董延寿 著

卧龙军师诸葛亮

大事起于难，小事起于易

北方文艺出版社
·哈尔滨·

图书在版编目（CIP）数据

卧龙军师诸葛亮 ：大事起于难，小事起于易 / 董延寿著. -- 哈尔滨 ：北方文艺出版社, 2024. 9. -- ISBN 978-7-5317-6413-7

Ⅰ．K827=362

中国国家版本馆CIP数据核字第20249C5291号

卧龙军师诸葛亮：大事起于难，小事起于易
WOLONG JUNSHI ZHUGELIANG DASHI QIYUNAN XIAOSHI QIYUYI

作　　者 / 董延寿	
责任编辑 / 宋雪微	装帧设计 / 尚书堂
出版发行 / 北方文艺出版社	邮　　编 / 150008
发行电话 / （0451）86825533	经　　销 / 新华书店
地　　址 / 哈尔滨市南岗区宣庆小区1号楼	网　　址 / www.bfwy.com
印　　刷 / 北京亚吉飞数码科技有限公司	开　　本 / 880mm×1230mm 1/32
字　　数 / 150千	印　　张 / 8
版　　次 / 2024年9月第1版	印　　次 / 2024年9月第1次印刷
书　　号 / ISBN 978-7-5317-6413-7	定　　价 / 56.00元

前言

诸葛亮，身长八尺，面如冠玉，气度非凡，而且才华出众，智谋过人，令世人敬仰不已。

他上知天文，下知地理，用兵如神。

他知人心、懂进退，淡泊明志，宁静致远。

他上为君，下为民，不贪权势、不谋私利，鞠躬尽瘁。

…………

诸葛亮的身上有太多闪亮的标签，他是政治家、军事家、发明家、文学家。以诸葛亮的雄才伟略，如果不是积劳成疾而终，他或许可以改写历史。

不过，历史终究不能改写，诸葛亮也终究无力光复汉室，但这并不妨碍诸葛亮拥有闪耀的人生。

本书以诸葛亮的生平事迹为主线，探究三国时期蜀汉"智囊"诸葛亮的智慧人生。

诸葛亮并非天生奇才，其蛰伏十载，砥砺深耕，启迪后人志当存高远；未出茅庐便洞悉天下大势，扶持贫弱的蜀汉争得三分天下，其收放自如、投身实践的处世哲学值得学习；舌战群儒，促成孙刘联盟，其能言善辩的好口才让人叹服；治理蜀汉清正廉明、宽严有度，其刚柔并济的管理智慧发人深思；临危受命，量才任职，其扬长避短的用人之道令人称赞；深谋远虑，南征北伐，其坚忍不拔的精神催人奋进。此外，诸葛亮的育儿智慧也给人以深刻启发。

隆中对、舌战群儒、草船借箭、三气周瑜、七擒孟获、空城计，其中任何一个经典案例都足以让一个人名垂青史，偏偏这些智谋皆出自诸葛亮一人，如何不令人敬佩！

"功盖三分国，名成八阵图。"无论是史实记载，还是小说演绎，抑或是戏曲艺术中塑造的诸葛亮，都让人们记忆尤深，大为敬服。

阅读本书，相信你对诸葛亮一定有全新的认识。

作者

2024 年 5 月

目录

第一章 ▶ 蛰伏十载：
砥砺深耕，志当存高远

志当存高远，慕先贤 … 003

读书需静心专一 … 009

拜能者为师 … 015

选择和步伐一致的人同行 … 019

第二章 ▶ 卧龙出山：
收放自如，方能事半功倍

做足准备，静待时机 … 025

良禽择木而栖 … 031

避而不见，好事也要多磨 … 037

献策隆中，有大局观才会有大作为 … 045

投身实践，从点滴做起 … 051

闲中布子忙中用 … 057

面对强敌，适时放弃 … 067

第三章 ▸ 赤壁之战：
　　　　 谈笑间，樯橹灰飞烟灭

　　舌战群儒的风采 ⋯ 079
　　智激孙权、周瑜，促成联盟 ⋯ 089
　　草船借箭，化解危机 ⋯ 097
　　万事俱备，只欠东风 ⋯ 105
　　怨人不如修己 ⋯ 111

第四章 ▸ 建立蜀汉：
　　　　 刚柔并存，宽严有度

　　当好"输血包"，助刘备汉中称王 ⋯ 119
　　对法正网开一面 ⋯ 127
　　制定《蜀科》，依法治蜀 ⋯ 131
　　同僚相处之道 ⋯ 135
　　巧妙处理君臣之情与兄弟之情 ⋯ 141
　　铁腕宰相，从严治下 ⋯ 147

第五章 ▶ **临危受命：**
　　　　成大事者，必善用人

　　白帝城托孤 … 153

　　安居平五路 … 161

　　任人唯贤，量才任职 … 165

　　"吾心如秤"，赏罚分明 … 171

　　以身作则，方能驭人 … 177

第六章 ▶ **南征北伐：**
　　　　深谋远虑，尽人事听天命

　　权力越大，责任越大 … 183

　　孙刘破冰，联盟才能存活 … 187

　　七擒孟获，智收人心 … 193

　　出师一表真名世 … 199

　　马谡失街亭带来的启示 … 209

　　提前布局，培养继任者 … 215

第七章 ▶ 鞠躬尽瘁：
　　　　 智者不惑，莫以成败论英雄

　　　　屡败屡战 ⋯ 221
　　　　《诫子书》中的教育智慧 ⋯ 227
　　　　卧龙军师，千古流芳 ⋯ 233

诸葛亮大事年表 ⋯ 241
参考文献 ⋯ 245

第一章 ▼ 蛰伏十载：砥砺深耕，志当存高远

少年诸葛亮潜心读书，砥砺深耕。他志向远大，同时广泛交友，为自己的未来铺设成功的基石。

诸葛亮，字孔明，号卧龙，中国历史上优秀的政治家、军事家、文学家，中国人心目中"智圣"的化身。

《三国演义》中的诸葛亮料事如神，"多智近妖"，有经天纬地之才、神鬼莫测之术。历史上真实的诸葛亮老成持重，步步为营，他能乱世突围、青史留名，靠的不仅是精干的头脑，还有远超常人的坚毅品质和甘愿蛰伏的大智慧。

志当存高远，慕先贤

东汉灵帝光和四年（181年），在徐州琅琊郡阳都县（今山东省临沂市沂南县）的一个普通士族家庭里，诸葛亮呱呱落地。此时正值乱世，天子式微，诸侯割据，时局紧张动荡。

诸葛亮的父亲名为诸葛珪，曾任兖州泰山郡丞，母亲章氏史料记载甚少。他们对幼子悉心照料，无微不至。但不幸的是，诸葛亮两三岁时，母亲病故，八岁时，父亲亦仓促离世。诸葛亮和两个姐姐以及哥哥诸葛瑾、弟弟诸葛均从此成了孤儿。

此后，诸葛亮与兄弟姐妹们经历了诸多坎坷与磨砺。但诸葛亮自幼便胸怀大志，越是艰难的时刻，越是沉着、坚毅、勇于担当。《三国志》中说诸葛亮"每自比于管仲、乐毅"，在人生之初的那段艰难岁月里，诸葛亮始终相信自己能出人头地，创下一番大事业。

《魏略》中也记载了这样一个故事，诸葛亮年轻时曾与徐庶等三人一起读书。有一天，诸葛亮突然对徐庶等人说道："你们三人如果做官，可以做到刺史、太守。"三人听了顿觉有趣，便问诸葛亮能做到什么样的官职，诸葛亮却笑而不语。

诸葛亮的笑容里，正隐藏着他的野心与抱负。他的志向不在于做官、过上富贵生活，而在于在乱世之中匡扶正义，从风云变幻、诸侯争霸的时代里脱颖而出，争得属于自己的一片天空。

在这番雄心壮志的激励下，诸葛亮一路向前，向着属于自己的人生进发。日后，他果真名垂千古，百世流芳。

诸葛亮

（181—234年），字孔明，号卧龙，琅琊阳都（今山东省临沂市沂南县）人，三国时期蜀汉丞相，具有杰出的政治和军事才能，著有《出师表》《诫子书》等，是人们心中忠臣的代表、"智圣"的化身。

第一章 **蛰伏十载：** — 005
砥砺深耕，志当存高远

诸葛亮雕像

立志须趁早，亦不怕晚

诸葛亮自小立志，盼着能"兴复汉室"，这份志向激励着诸葛亮一路走出隆中，走向广阔的世界，最终助刘备建立蜀汉，并领导蜀汉与曹魏、东吴形成三国鼎立之局势。

后来，诸葛亮用自身经历苦口婆心地教育后人，要将目光放长远，早立志向。这是因为，志向立得越早，越能更早明确前行的目标和方向。对于现代人而言，亦是如此。立志的前提，是要了解自己的兴趣、爱好、天赋，先清楚地知道自己追求的是什么，才能确定具体的目标，并根据这一目标去提早行动，搜集必要的信息，掌握更多资源，从而掌握获取成功的主动权。

同时，立志亦不怕晚。在人生的任何阶段，哪怕身处谷底，只要明确目标，下决心去改变自己，并稳步前行，早晚能迎来翻盘的机会。

志向要远大，以先贤为榜样

诸葛亮曾说："夫志当存高远，慕先贤……"他的忠告可谓犀利透彻，深入人心。

诸葛亮的家世并不显赫，自父母去世后，家境更是一落千丈。如此出身背景的他，却认为自己迟早会成为像管仲、乐毅那样军事能力杰出、智谋出众的大人物,这正是他自小志向远大、以先贤为榜样的体现。

那么,如何去树立远大志向呢?据说有一次诸葛亮的儿子问父亲:"怎样才能树立远大的志向、理想?"诸葛亮回答说:"除了要效仿先贤,还要设定适宜的目标。"

可见,想要树立远大志向,首先可以为自己寻找一位或多位榜样,见贤思齐,不断提升自己。立长志、立大志、立远志,并坚持不懈地为之努力,才能稳定进步,成为自己想成为的人。

其次,志向高远不代表不切实际。在立志的时候还是要结合实际,在设立高远目标的同时,也要确保其符合现实情况,具有可操作性,有机会实现。

夫志当存高远,慕先贤,绝情欲,弃凝滞,使庶几之志,揭然有所存,恻然有所感。忍屈伸,去细碎,广咨问,除嫌吝,虽有淹留,何损于美趣,何患于不济。(诸葛亮《诫外甥书》)

读书需静心专一

诸葛亮成为孤儿后,幸亏得到叔父诸葛玄的抚养与照顾,才勉强在乱世中生存。大概在诸葛亮十四岁那年,家乡发生战乱,诸葛亮和亲人被迫离开家乡,来到荆州,投靠了刘表。

刘表是东汉末年割据荆州的军阀,实力不俗。诸葛亮的叔父诸葛玄与刘表有私交,靠着这层关系,诸葛玄叔侄暂时在荆州安顿下来。

几年后,诸葛玄病故。诸葛亮前往一个名叫隆中的地方隐居起来。隆中山川秀丽,幽静无比,宛若世外桃源。在隐居的那段岁月里,诸葛亮的日常生活除了耕种,就是读书。

辛勤躬耕于田间地头,农忙时日出而作、日落而息的生活让诸葛亮倍感充实,亦磨炼了他的心志。

耕种之余,诸葛亮废寝忘食地读书、学习。当年在家乡的时候，年幼的诸葛亮便无须旁人敦促，终日勤学苦读。如今隐居隆中，他有了更多的时间和精力去读书，便更加刻苦地系统梳理、构建、充实自己的知识体系，学习各种技能。

诸葛亮读书有一个窍门，即心平气和、全神贯注。在《诫子书》中，他这样说道："夫学须静也，才须学也。"宁静方能致远，想要将知识学透、学扎实，首先需要静心、专注。

当时正处于东汉末年，社会上动荡不定，人心惶惶，年轻的诸葛亮却能隔绝外界的纷扰，过滤内心的杂念，将注意力都专注于眼前的书本上，如饥似渴地汲取书中的精髓要义。而这段静心读书的时光也为他日后走出隆中、辅佐刘备成就霸业打下了坚实的基础。

刘表

（142—208年），字景升，山阳郡高平县（今山东省微山县）人。汉室宗亲，东汉末年群雄之一，割据荆州几十年，其间荆州政局较为稳定，于建安十三年（208年）病逝。

为自己创造宁静的读书环境

诸葛亮年轻时为了寻得一处宁静的读书环境,搬到了隆中草庐居住。这儿地处偏远,远离天下纷争,而且茂林修竹,野花遍地,环境清幽,十分适合读书、学习。果然,在隆中时,诸葛亮进步神速,很快便学有所成。

在现代社会,人们可能无法真正脱离嘈杂的社会,但可以尽力为自己创造一个宁静、舒心的读书环境。比如,在家里设置一个读书角,或准备一间独立的书房,每天抽出固定的时间去看书、学习,同时确保读书时不受手机信息、外界噪声等的干扰。

心静,是有效学习的前提

诸葛亮早年时反复研读《左传》,这是一部编年体史书,卷帙浩繁,内容庞杂,诸葛亮却并不觉得枯燥。他静下心来,反复琢磨书中记载的各诸侯国的政治、军事、经济、文化情况,并为自己制订学习计划,不断补充有关天文、历法等方面的知识。

当时正处乱世,外界战乱频繁、人心涣散,诸葛亮却能屏蔽外界杂乱的信息,一心沉浸在书本中。另外,他还终日躬耕于南阳,在田野中陶冶性情。正因他能沉下心来充分学习、积累,并始终保持着平稳的心态,才拥有了洞若观火的智慧。

卧龙军师诸葛亮：
大事起于难，小事起于易

第一章 **蛰伏十载：**
砥砺深耕，志当存高远

— 013

湖北襄阳古隆中

可见，心静是有效学习的第一要素。想要静下心来学习，可以像诸葛亮一样，多与大自然亲近，舒缓情绪，摒除内心杂念的纷扰。还可以学习诸葛亮为自己制订详细的学习目标和计划，并按部就班地去实施，努力让自己沉浸在学习中。如此方能心静，提升学习效率。

拜能者为师

诸葛亮隐居隆中苦读之时，深感自身的局限，他急需拜能者为师。当时荆州有一位名叫司马徽的隐士，人称"水镜先生"。司马徽为人正直、品行高洁超逸，且精通奇门、经学，善于辨识人才。同时，他精通处世之道，懂得在乱世中秉持明哲保身的处世原则，人前不争不辩，一副好好先生的样子。

诸葛亮与司马徽接触几次后，便知此人有真才实学，于是诚心拜他为师，遇到难题便向他请教。司马徽对诸葛亮极其欣赏，他对诸葛亮知无不言、言无不尽，乐得将一身本领悉数教给这个年轻的后生。

诸葛亮为了寻求更大的进步，曾拜司马徽推荐的一位隐士为师。此人叫酆玖，学识渊博，上知天文下知地理，连司马徽都对他极为佩服。得到司马徽的引荐后，诸葛亮如愿拜酆玖为师。

但在拜入酆玖门下的第一年里,酆玖只让他打扫庭院或做些其他的粗活,并不教他学业。对此,诸葛亮毫无怨言,依然勤恳地做好手头的活,耐心地等待。终于,一年后,酆玖正式向诸葛亮传授学业,这令诸葛亮大喜过望。

酆玖不仅教授诸葛亮兵法阵图要义,还教他治国安邦之道。诸葛亮甘之如饴,不分白天黑夜地琢磨思考,不久后便学有所成,满怀感激地拜别了酆玖。

酆玖

东汉末年隐士,生卒年、家世不详。《仙鉴》有载:司马徽谓诸葛亮曰:"以君之才,当访名师,益加学问。汝南灵山酆公玖熟谙韬略,余尝过而求教,如蠡测海,盍往求之。"在司马徽的引荐下,诸葛亮拜酆玖为师。

拜师要拜"明师",而非名师

诸葛亮的老师中,司马徽、酆玖等人在当时都不算很知名,只因诸葛亮拜的是"明师",而非名师。只要对方有真才实学,哪怕寂寂无名,他也会放下身段,诚心拜入对方门下。

很多时候,拜"明师"比拜名师更重要。所谓"明师",指的是名气可能不是很大,却能因材施教的老师。相比之下,并非所有"名师"都是"明师",其中甚至还有"名不副实"之师。成长路上,与其盲目崇拜名师,不如用心择一位"明师",让其带领我们不断地进步。

站在巨人的肩膀上,扩展能力圈

学海无涯,知识是无限的,而一个人的智慧和精力是有限的。诸葛亮深知自身能力与精力的不足——他想学的东西太多太多,独自从书中悟道早已无法满足他对知识的需求。于是,诸葛亮拜师求学,与他人交流读书的心得和见解,从"明师"身上直接学习,既拓宽了视野,又能够突破自身的认知局限。

对于普通人而言,当学习进入瓶颈期时,不妨积极求教,而不要一味埋头苦学。不妨尝试站在巨人的肩膀上,以巨人的经验和智慧来扩展能力圈。

这里说的巨人，可以是老师、职场上的前辈、优秀的同龄人等。比如，某一职场新人一直保持着向优秀前辈学习的好习惯。平日工作中，遇到难题时，他总是积极主动地与前辈沟通，虚心向前辈请教。在具体工作中，他会细心观察能力出众的职场前辈的工作方式、流程，学习他们处理问题的方法。另外，他总是不怕苦不怕累，积极参与团队工作，以快速积累经验。靠着坚持不懈的努力，他进步显著，很快便从一堆新人中脱颖而出，受到上司器重。

可见，一旦我们善于站在巨人肩膀上前行，将避免很多弯路，节省更多时间、精力。

选择和步伐一致的人同行

隐居隆中的日子里,诸葛亮在拜访"明师"的同时,亦广泛交友。在《三国演义》中,诸葛亮这一时期的好友有徐元直、崔州平、石广元和孟公威,人称"隆中四友",他们无不与诸葛亮志趣相投,品行相合。

徐元直(名庶)为豫州颍川(今河南省禹州市)人,比诸葛亮大十多岁。他性情刚直,疾恶如仇,年少时遇到不平事便挺身而出,积极为他人打抱不平。二十多岁时,徐庶待人处事变得沉稳、内敛,且一心向学。在隆中时,年轻的诸葛亮与徐庶一见如故,相谈甚欢,两人经常在一起切磋学问,探讨天下大事。诸葛亮遇到问题时便积极向徐庶请教,而徐庶也总是毫无保留地为诸葛亮答疑解惑，这令诸葛亮受益良多。

崔州平（名钧）为博陵安平（今河北省衡水市安平县）人，亦年长于诸葛亮。他与诸葛亮交往时总是直言不讳地指出诸葛亮的缺点，并帮助他改正，这让诸葛亮十分感激。

另外，在隆中时，石广元（名韬）和孟公威（名建）也与诸葛亮往来密切，结下了十分深厚的友谊。

所谓"学不可无良师益友"，"隆中四友"是诸葛亮求学路上的益友，与他们的交往令诸葛亮眼界大开，进步神速。同时，"隆中四友"也是诸葛亮的知己，他们即使与诸葛亮政治立场不同，却能深度理解、认同诸葛亮的理想和抱负，并给予他无尽的鼓励与支持。当诸葛亮选择与这些步伐一致的人同行时，他的奋斗之路也就不再迷茫，即使前路漫漫，也能走得坚定从容。

远离无效的朋友圈

诸葛亮年轻时，一面遍访"明师"求学、结交朋友，一面隐居隆中，这看似矛盾的行为，实则饱含深意。简而言之，诸葛亮亲自为自己择"明师"、选益友，十分注重筛选交际圈。

和个人读书的局限性一样，一个人的交际也同样受到精力和时间的限制。诸葛亮深知这一道理，在他看来，朋友和书一样，要精挑细选，不能任由无效的交际耗费自己的精力。

在当下这个网络极度发达的时代，我们接触的信息量和交际范围被无限扩大，这种情况下，更需要具备诸葛亮这样择友、择书的智慧，在努力提高社交能力的同时筛选社交对象、精简社交圈，不被无效的社交浪费过多的时间、精力，要选择与那些真正对自己成长有帮助、能够共同进步的人交往。

与志同道合者为伍

汉末，军阀混战，群雄割据，社会动荡不安，人们的思想也因此分崩离析。

诸葛亮与"隆中四友"虽政见不同，却仍能相聚一堂，是因为他们志同道合，心中都有着匡扶天下、救民于水火的正义理念。

生活里，我们当如诸葛亮一般，也要尽量与志同道合者为伍。当我们与志同道合者同行时，这种惺惺相惜之情能给予我们无尽的动力，帮助我们保持前行的决心，获得更多跨越困难的勇气和力量。

第二章

卧龙出山：收放自如，方能事半功倍

诸葛亮隐居隆中静待时机，等到刘备三顾茅庐，谈笑之间，献策于隆中，商定三分天下的大战略。

自古以来，凡成大事者，非智不能成，非勇不能就。

诸葛亮洞悉天下大事，他蛰居隆中，静待"卧龙飞天"的那一刻。后刘备三顾茅庐，诸葛亮终被打动。明主既定，诸葛亮顺利出山，此后，鞠躬尽瘁，辅佐明主共创大业。

做足准备，静待时机

诸葛亮立志成就一番大业，所以远离战乱、隐居隆中时并未完全与世隔绝，而是边种地边修学，学习先贤的政治和军事谋略，静观天下形势。

和常人追求的精读书、细读书不同，诸葛亮并不细究书中的字句，而是提纲挈领，凡读书强调"观其大略"，撷取精华，这也使得诸葛亮学会了一身本领，既可仰观天文、俯察地理，又可辅君治国、行军打仗，甚至精于发明创造，无所不通。

除了勤勉读书，诸葛亮还广交名士，开阔眼界，树立形象。诸葛亮常到名士庞德公处拜见、请教，并跟随名士黄承彦、司马徽学习经学儒术。庞德公慧眼识人，在荆州才俊中尤其看重诸葛亮、庞统、司马徽，称他们三人为"卧龙""凤雏""水镜"。黄承彦亦十分欣赏诸葛亮，并将女儿许配给诸葛亮。水镜先生司马徽对诸葛亮的评价则更高，言称"伏龙、凤雏，两人得一，可安天下"。诸葛亮当时颇得当地名士的认可，堪称荆州第一俊杰。

诸葛亮胸有军事大略，通晓天文地理，亦有隐士贤名，彼时又有"得诸葛亮，安天下"的言论在权贵间盛传，但他并不急于摆脱"布衣"身份，因为要想卧龙先生出山，还需等待一个合适的时机。

庞德公

生卒年不详，荆州襄阳人，东汉末年隐士。与"水镜先生"司马徽、"卧龙"诸葛亮、"凤雏"庞统、徐庶等人交好。性情谦和，淡泊名利，深受诸葛亮的敬重。后携妻带子隐居鹿门山（位于今湖北省襄阳市）。

积累实力，静待时机

诸葛亮深知时机的重要性，所以虽心有大志，却不盲目行动。在隐居的岁月中，诸葛亮冷静沉着，并不急于展示自己的才华，而是始终保持头脑清醒，静观天下，不断提升自己。

诸葛亮在隐居期间不断积累实力，掌握了丰富的知识和经验，让自己具备了洞察天下大势的能力，还精心制订了"隆中对"这一行动计划，为顺利出山做足了准备。

在学习或工作中，要想取得好的成就，日常勤学苦读必不可少。无论是通过阅读和思考，还是通过线上或线下学习及培训，都应保持对知识和经验的不断积累，并将所学应用到实际学习或工作中，做到学以致用。

只有不断积累实力，才能在关键时刻抓住机遇，用自己前期积累的实力换取当下出众的表现。

当然，也应该充分认识到，在没有合适的机会或条件不成熟时，不要盲目出手，而要专注于提升自我，为将来的脱颖而出做好准备。

扩大社交，树立形象

诸葛亮躬耕南阳，一面不断自学提升自我，一面拜访名师精进学业，通过出色的见识赢得了荆州名士庞德公、黄承彦、司马徽的认可，借助这些名士的夸赞，为自己树立了贤名，提升了自己在当地青年才俊中的影响力。

个人的良好形象可以帮助一个人获得机会，正如诸葛亮借名士的夸赞而美名远扬，最终吸引到刘备对其的关注。

其实，东汉末年有许多著名的评论家，专门通过评论他人来使其收获名声，为其树立形象，著名的"月旦评"发起者许劭，就专以评鉴他人的方式为其显名。许多著名人物如曹操、荀彧等，都曾受益于此。曹操为了求得一个评价，曾专门拜访许劭，虽被许劭称为"清平之奸贼，乱世之英雄"，却也因此声名鹊起，而荀彧则被名士何颙评价为"王佐才也"，令他得到曹操的赏识和接纳。

从另一个角度来说，若不善于或不屑于建立好的名声及经营社交圈，则可能令自己的前途受阻。比如，东汉名士祢衡虽是天下奇才，但他性情刚傲，不屑于与他人为伍，更蔑视权贵，他称陈群、司马朗等政治家是"宰牲卖酒"之人，称荀彧是虚有其表，只不过相貌清俊而已，如此一来，圈子里几乎人人讨厌他，即便不讨厌他的人，也对他敬而远之，更没有人愿意替他说话。祢衡在曹操麾下时尚有孔融替他说情，这是他的"圈子"里唯一能够倚仗的朋友，而后来到了刘表麾下，孤身一人，没人再替他说话，恃才傲物的他最终落得个犯上被杀的下场。

由此可见，社交圈对一个人的形象乃至命运的影响之大。

独木不成林，一个人要想做好一件事，或者有一番作为，就离不开他人的帮助，而要想得到他人的帮助，首先就要在他人心中树立一个好的形象，像诸葛亮一样积极扩大社交圈，并邀请名人背书，为自己树立良好的形象，就不失为一种高效可行的办法。

势利之交,难以经远。士之相知,温不增华,寒不改叶,能四时而不衰,历险夷而益固。

(诸葛亮论交)

良禽择木而栖

诸葛亮自言"臣本布衣,躬耕于南阳"。表面来看,诸葛亮父母早亡,迁居荆州也只是过着寄人篱下的农夫生活,但实际情况并非如此。

东汉末年的荆州有五大家族:庞氏、蒯氏、黄氏、蔡氏、习氏。而诸葛亮与这五大家族有着密切的联系。

诸葛亮的两个姐姐先后与蒯氏、庞氏联姻,诸葛亮自己迎娶黄氏千金为妻,诸葛亮的岳母出身蔡氏,而庞氏与习氏亦有姻亲关系。由此可见,身在荆州的诸葛亮,并非没有任何依仗的普通农夫,而是有着深厚的背景。

诸葛亮才学过人、谦卑知礼,在五大家族中名声颇好,尤其深得庞氏家族大家长庞德公、黄氏家族大家长黄承彦的认可。这两位大家长又均为东汉名士,一位与诸葛亮亦师亦友,一位是诸葛亮的岳父。诸葛亮有治世之才的贤名最初正是由五大家族中传开的。

身逢乱世，人人都想建功立业、名留青史。诸葛家族中，诸葛瑾做了孙权的幕僚，诸葛诞在曹操的帐下效力，长兄、堂弟皆有去处，唯有诸葛亮在隆中韬光养晦。他并不急于站队，他想要给自己物色一个值得辅佐的明主。

群雄争霸，孙权割据东南，曹操雄霸北方，二人实力强大，与此二人相比，刘备实在弱小，甚至都没有一个固定的根据地，诸葛亮却偏偏选中了刘备。

曹操

（155—220年），字孟德，小字阿瞒，沛国谯县（今安徽省亳州市）人。一代枭雄曹操不仅是中国古代优秀的政治家、军事家，还是极具影响力的文学家、书法家，堪称文武双全。曹操是东汉末年群雄之一、曹魏政权的奠基者，曹魏建立后，其被追尊为太祖，谥号武皇帝。

选对圈子，积累人脉

《襄阳记》中记载，诸葛亮的妻子黄氏"黄发黑头"，似乎其貌不扬，而诸葛亮"身高八尺"，才貌双全，世人对这对夫妻是否般配多有讨论。但诸葛亮本人对自己的妻子是比较满意的，一方面，关于诸葛亮妻子相貌的传言并非真实，另一方面，诸葛亮迁居荆州，无所依仗，能迎娶黄氏，成为名门望族的乘龙快婿，有机会结识更多的名士名师，从客观上来讲对诸葛亮日后扬名、出山大有裨益。

诸葛亮的圈子和人脉为其在荆州扬名、日后出山奠定了良好的社会舆论基础。可见，圈子会影响个体所接触和交往的人群类型，使个体更容易与志同道合的人、成功路上可提供助力的人建立联系，而一个人的成功从来都不可能只凭一己之力，这就更加凸显出圈子和人脉对个人成功的重要影响。

在现代，人们无论在生活中还是职场中，都应做一个识时务的俊杰，认清形势，选对圈子。与同事和上级保持良好的沟通和合作关系，增加社交资本，不断扩展人脉。比如，商业精英大多善于通过参加社交活动建立圈子，这些圈子为他们提供了与业界精英建立联系的机会，有助于拓展人脉，获取更多合作机会。可以说，好的人脉资源能让个人的成功之路走得更顺畅。

跟对领导，关注自我发展

关于诸葛亮为何选择辅佐刘备，历来有不同说法，但有一点是得到公认的，那就是刘备的团队人才稀少，诸葛亮投靠刘备可以身居要位，得到足够的重视。

孙权和曹操的团队强大，诸葛亮虽有贤名，但在拥有较多人才的孙权和曹操这里可能会显得"不起眼"，大概不会得到重用，才能无法得到施展。与孙权和曹操相比，刘备的团队规模较小，这也就意味着诸葛亮在刘备的团队中得到重用的概率更大，有非常大的发展空间。

很多人在求职时往往只一味关注知名企业，而不考虑自身实力和成长机会，最终要么被拒，要么入职后只能做一些无关紧要的小事情，无法实现自身价值。

所以，在求职过程中，求职者不仅要考虑公司的规模和知名度，还应结合自身的情况，关注自己的发展空间和晋升机会。

投机取巧，不如真才实学

诸葛亮的成才并非完全依靠"裙带关系"，也不仅仅因为刘备的团队人才少而显得诸葛亮能力突出，诸葛亮日后所做出的各种成就，足以证明诸葛亮自身的勤奋努力和能力出众。

诸葛亮上通天文、下晓地理，熟悉兵法，懂得运筹帷幄，这些都不是依靠外在关系获得的，而是凭借自身的真才实学，才能在日后提出三分天下的伟略。

优秀的人从不会存在侥幸心理、投机取巧，从不会停止努力和行动，正如诸葛亮积极积累学识、人脉、贤名，选择志同道合的明主，这都是因为有足够的才学和眼界，只有自身足够优秀，才能得到关注，才能拥有选择权。

正所谓"打铁还需自身硬"，如果一个人没有真才实学，没有足够的学识积累，再好的出身、圈子、机会也无济于事，只能看着机会溜走。

夫学须静也,才须学也,非学无以广才,非志无以成学。淫慢则不能励精,险躁则不能治性。(诸葛亮诫子书)

避而不见，
好事也要多磨

为光复汉室，刘备先后曾投奔公孙瓒、吕布、曹操、袁绍，但最终都一事无成，年近五十，投奔刘表，带着关羽、张飞，苦守新野小县。在遇到诸葛亮之前，刘备顶着汉室"刘皇叔"的名号，四处漂泊。

刘备蜗居新野，受刘表之命对抗曹操。刘备在徐庶的帮助下屡胜曹操，曹操一怒之下，派人抓了徐庶的母亲以逼迫徐庶归顺，徐庶离开新野前向刘备推荐了隐居隆中的诸葛亮，称诸葛亮"有经天纬地之才，盖天下一人也"。

刘备求贤若渴，决定去拜访诸葛亮，于是，便有了刘备三顾茅庐的典故。

刘备携关羽、张飞一顾茅庐，刚到卧龙岗山脚下就听到一群农夫在唱歌，刘备顿足倾听，心想农夫极少识得文字，唱的歌倒十分玄妙：

苍天如圆盖，陆地似棋局；
世人黑白分，往来争荣辱；
荣者自安安，辱者定碌碌。
南阳有隐居，高眠卧不足！

待农夫一曲唱罢，刘备上前与农夫攀谈，得知农夫所唱的歌是诸葛亮所作，对诸葛亮更加好奇，想立刻见到这个妙人。

在农夫的指引下，刘备顺利来到诸葛亮隐居的茅草房外，却不料吃了个闭门羹。刘备热情地自报家门，但看门的小童只淡淡地回复称诸葛亮不在家，就将刘备等人拒之门外。

初次拜访，刘备连诸葛亮的院门都没进去。

刘备一行三人二顾茅庐，路上遇到诸葛亮的朋友石广元和孟公威，刘备见二人仙风道骨，更迫不及待地赶往诸葛亮的住处想一睹诸葛亮的真容。

这一次，刘备、关羽、张飞三人终于进了诸葛亮的院门，远远听到厅堂上有少年在吟唱：

凤翱翔于千仞兮，非梧不栖；

士伏处于一方兮，非主不依。

乐躬耕于陇亩兮，吾爱吾庐；

聊寄傲于琴书兮，以待天时。

歌的大意是：凤凰翱翔于千仞高空，只栖息在梧桐树上；贤士隐伏一方，只依附于明主。茅庐的主人醉心农耕、琴棋书画，只为等待合适的时机。

门外的刘备听懂了歌中的鸿鹄之志，又见少年气度不凡，便将少年认作诸葛亮。待少年唱罢，刘备赶忙上前施礼，可惜，这位唱歌的少年并非诸葛亮，而是诸葛亮的弟弟诸葛均，攀谈之间，又逢名士黄承彦吟着诸葛亮的佳作《梁父吟》来访，几人细问才知诸葛亮和好友外出游玩去了。

毫无疑问，刘备又一次跑空了。关羽和张飞二人心中早已气愤不已，唯刘备仍锲而不舍，筹划再次来访。

刘备一行人三顾茅庐，终于赶上诸葛亮在家。他们抵达时，诸葛亮正在午休，刘备恭敬地在堂外静候了两三个小时后诸葛亮才睡醒，睡醒后的诸葛亮先是吟诗一首：

大梦谁先觉？平生我自知。

草堂春睡足，窗外日迟迟。

诸葛亮通过吟诗，特意在刘备面前树立了一个淡泊名利的世外高人的形象。诸葛亮看到阶下站着的刘备时，并不忙着上前迎接、寒暄，而是转身到后堂更换衣服。这一番折腾，阶下的刘备又等了许久。

好在刘备心中并不恼，先前两次的失落而归，让此时的刘备反倒因为终于要面见诸葛亮而有些兴奋和期待，自然也不在乎再多等一会儿。

诸葛亮更衣出来后，邀刘备到密室详谈，关羽和张飞则继续站在门外等候。

刘备与诸葛亮这一次会面，不仅改变了刘备的个人命运，也深刻影响着天下局势的变化，历史的走向开始发生变化。

> **关羽**
>
> （？—220年），本字长生，后改字云长，河东郡解县（今山西省运城市盐湖区解州镇）人，东汉末年名将之一。早年追随刘备，与刘备、张飞等人结下深厚的情谊。随刘备南征北战中，建下赫赫战功，后败走麦城，命丧临沮。逝世后，民间尊称其为关公。

真诚是永远的必杀技

刘备三顾茅庐，每次都亲自拜访诸葛亮，虽屡次碰壁，但并不气馁。刘备求贤若渴，三顾茅庐展现出刘备对诸葛亮的巨大诚意。

在生活中，无论是寻求帮助还是合作，在与人交往时，都应以真诚的态度对待他人，尊重他人的感受和想法，这样才能赢得他人的尊重和认可。

在职场中，企业重视人才，应该以诚意来吸引人才、留住人才，用实实在在的薪资奖励和晋升机会来对待员工的付出，真正尊重员工的价值，而不是只会"讲空话""画大饼"，否则只能导致人才的流失。

真诚是建立良好关系的基础，是人际交往的必杀技。

不轻易得到，才更珍惜

在"三顾茅庐"的故事中，诸葛亮是真的碰巧每次都不在家，还是故意对刘备避而不见？在回答这个问题前，先来梳理一下几个细节。

从刘备的角度来讲，刘备从徐庶口中了解到诸葛亮能力超群，在农夫的歌唱中认识到诸葛亮的境界高妙，听了诸葛均的吟

卧龙军师诸葛亮：
大事起于难，小事起于易

隆中诸葛亮草庐

诵知道诸葛亮有鸿鹄之志，最终却访而不见，这让刘备对诸葛亮充满好奇和期待。

从诸葛亮的角度来讲，古人重视礼仪，开门小童却表现冷漠，可能是诸葛亮故意授意；明知刘备曾来访，诸葛亮还约好友出门游玩；将刘备晾在阶下两三个小时后，诸葛亮又慢悠悠地去更衣，让刘备继续等。

可见，诸葛亮对刘备是故意避而不见，其目的就是要让刘备珍惜自己。刘备三次上山，付出了较多的时间和情感成本，请诸葛亮出山不易，自然会更加珍惜诸葛亮这个难得的人才。

很多时候，人们对轻易能得到的人或物，往往不懂得珍惜，而对付出非常多精力和心血、经过艰辛努力才得到的人或物，会格外在意和珍惜。这一点在朋友和恋人的相处过程中表现得尤其明显，一味地迎合、付出、牺牲，可能并不能换来对方的尊重，有时候故意"吊一吊对方的胃口"反而有利于亲密关系的维护。

若跨有荆、益，保其岩阻，西和诸戎，南抚夷越，外结好孙权，内修政理；天下有变，则命一上将将荆州之军以向宛、洛，将军身率益州之众出于秦川，百姓孰敢不箪食壶浆，以迎将军者乎？诚如是，则霸业可成，汉室可兴矣。（诸葛亮《隆中对》）

献策隆中，有大局观才会有大作为

春季的卧龙岗，草木青翠，溪水潺潺，茂密的花木间隐约可见几间茅草屋，这正是诸葛亮隐居的茅庐。茅庐的密室中，诸葛亮正在与刘备畅谈天下大势。

诸葛亮知道刘备当下所面临的困境，先帮刘备分析了天下局势：汉室倾覆，天下大乱，曹操挟天子以令诸侯，拥兵百万；孙权在江东的势力根基颇深，国险而民附；刘备缺兵少马，也没有军事据点，想要光复汉室谈何容易。

诸葛亮对局势的分析很透彻，刘备非常认可，但未来局势如何发展，刘备迫切想从诸葛亮这里找到答案。

诸葛亮一语解开刘备的心结：曹操在北方挟天子以令诸侯，

占据天时；孙权的江东有山川之固，占据地利；刘备作为"刘皇叔"，身份正统，且能礼贤下士，因此可从"人和"上下功夫，具体的战略规划是"先取荆州为家，后即取西川建基业，以成鼎足之势，然后可图中原也"。

诸葛亮隆中献策，刘备听到诸葛亮步步为营的规划后，如拨云见日、茅塞顿开。

彻夜详谈后，刘备诚邀诸葛亮出山相助，以成就大业。就此，诸葛亮随刘备等三人同回新野。

刘备

（161—223年），字玄德，涿郡涿县（今河北省涿州市大树楼桑村）人。相传是汉景帝刘启之子中山靖王刘胜的后人，后在诸葛亮等大臣的辅佐下成功建立蜀汉，与曹魏、孙吴呈三足鼎立之势。性情坚毅、宽厚，智谋过人，史家多称其为先主。

第二章 **卧龙出山：** — 047
　　　　收放自如，方能事半功倍

成都武侯祠刘备塑像

成大事者，树大局观

诸葛亮迁居荆州后一直在隆中隐居，刘备三顾茅庐时，诸葛亮才二十七岁，诸葛亮未出茅庐一步，却能规划出三分天下的局势，实在令人惊叹。

诸葛亮为刘备分析天下大势，提出占据荆州、益州，联合孙权对抗曹操，以促成天下三足鼎立之势。这种并不局限于一城一地的得失，而是纵览全局分析利弊、高瞻远瞩的谋事思维值得后人学习。

成大事者，需有大局观。当年楚汉相争时，楚怀王与刘邦、项羽约定：率先攻入咸阳者为王。结果实力较弱的刘邦先一步入主关中，刘邦虽然对奢华的秦宫留恋不已，也有据此称王的野心，但还是听从张良、樊哙的意见，离开了咸阳。后来，项羽对咸阳大肆洗劫，将掠夺来的秦国宝物悉数带走，刘邦没有被眼前的利益所迷惑，表面上放弃了自己攻打秦国的战利品，实则是放眼大局，既避免了被项羽袭击而覆灭，又将掠夺秦国都城的机会留给项羽。所以，刘邦是为将来谋取天下做铺垫，后来，他凭借自己在秦地留下的好名声，顺利入主关中，赢得百姓的拥护，得到问鼎天下的资格。

不论诸葛亮还是刘邦，历史上能够成就一番事业的人物，都因具备清晰明了的大局观，才能对事情的利弊得失做出正确的取舍，从而为自己赢得更好的回报。

现实生活中，为人处世亦处处需要大局观，如与人交往不必斤斤计较当下的得失，产品营销不必只盯着起步期的盈亏，团队合作不应只关注短期内进程的快慢，等等，要想顺利完成一件事情，并且使结果达到预期，必须全面考虑各种因素，进行深入的预测和规划，将目光放长远，树立大局观。

成功三要素：天时、地利、人和

诸葛亮分析当下局势时指出，曹操占据天时，孙权占据地利，刘备想统一天下必须充分考虑各种因素，不能急于求成、追求一步到位，而是应先"三分天下"。诸葛亮深知，要想成功，天时、地利、人和，缺一不可。

天时，即时机，比如曹操在政治层面上占据的先机。曹操以天子之名号令群雄，号称正统，名正言顺，这是谁也无法改变的现实。

地利则更易理解，如孙权借长江天险，划江而治，后来才能借此取得赤壁之战的胜利。

然而，曹操与孙权虽各占优势，两个集团却存在利益冲突，鹬蚌相争之下，正是刘备入局的大好时机。

人和，即人心所向。刘备虽没有曹、孙两家的优势，却有一个皇室宗亲的身份,又求贤若渴,对百姓心怀仁慈。人和之利,正应"得道多助,失道寡助"之理。更重要的是,摆在刘备面前的,就只剩下人和而已。刘备深知机会难能可贵,他这个"半路出家"的军阀,唯有抓住人和这唯一的救命稻草,才能在乱世中生存。而事实证明,人和的力量的确是强大的,即使条件相差悬殊,刘备仍能凭借上下团结一心,硬生生拼出一番事业,创造出"三分天下"的奇迹。

天时、地利、人和,这三个条件所带来的好处,惠及各行各业。无论是在生活还是在工作中,要想成功做成一件事,都离不开这三个条件。

比如,在生意场,创业讲究看准形势,顺势而为,这就是顺应天时;在寺庙卖香,在学校卖书,根据条件和需求经营买卖,这是地利;身为领导者,照顾员工,追求上下团结,增加团队协作的效率,或积极寻求合作,寻找互利共赢的契机,这是人和。

总结下来,关注天时、地利、人和,就是关注大形势并充分借助空间条件,以及充分利用团队协作,借助大家的力量达成自己独自无法达成的目标。前者可以归结为条件,后者则立足于人的需求,这是做任何事都无法逾越的法则,掌握这个法则,就可以事半功倍,反之则事倍功半,处处受阻。

投身实践，从点滴做起

诸葛亮出山跟随刘备来到新野，与刘备日夜并肩出入，同桌吃饭、同榻就寝，关系日益亲密。关羽、张飞心有不满，多有唠叨，刘备则称自己遇见诸葛亮，如鱼得水，及时劝解了两位弟弟的不满情绪。

不过，诸葛亮毕竟年轻，而且跟随刘备时日不多，却备受优待，实在难以服众。诸葛亮也并不为自己辩解，只踏实地跟着刘备，从小事做起，尽心为刘备出谋划策。

当时刘备管辖之地流民众多，人员混杂，加上受战乱的影响，很多人缺衣少食，居无所依，各种矛盾时有发生，严重扰乱社会治安，难以管理。对此，诸葛亮便帮助刘备完善当地的户籍制度，清点流民，登记在册，为流民分田地，使百姓有田耕种，重建家园。如此，这些流民得以安定下来，也更加拥护刘备。

刘备所拥兵源稀少，诸葛亮便献策，可以从当地年富力强的农民中抽调民兵，诸葛亮亲自带兵操练，一来方便人员管理，二来可应对战时所需。

与三分天下的伟略相比，诸葛亮当下从事的都是一些小事，但诸葛亮丝毫不懈怠，将这些小事处理得井井有条。

张飞

（？—221年），字益德（也字"翼德"），涿郡（今河北涿州）人，三国时期蜀汉颇具影响力的将领之一。性格粗放，勇猛过人，官至车骑将军，封西乡侯。后在章武元年（221年）被部将杀害，谥号桓侯。

从小事做起，为成功打好基础

户政管理、军事训练，与阵前指挥、战场杀敌等丰功伟业相比，看似微不足道，但诸葛亮并没有表现出任何不满，而是甘心投身实践，从小事做起。

初来乍到，无人看好，无人拥护，众人存疑，诸葛亮自然十分明白自己的处境，但也知道需要从基层的小事做起，一方面可以了解刘备方的实力、人员构成，另一方面可以韬光养晦，等待时机一鸣惊人。

现实学习和工作中，真正如诸葛亮这般甘心扎根基层、低调做事的人很少。一些人总想通过做大事来证明自己，而不想通过做小事磨炼自己，这样的做法并不可取。

学生要想提高考试成绩，必须背好每一个单词、写好每一个生字、算对每一道题，不断练习和积累知识；领导要想提高部门业绩，必须了解部门制度、员工特点，熟悉各项工作的流程。只有关注和做好这些小事，才更有希望成就大事。

韬光养晦，低调做事

刘备知道诸葛亮洞悉天下大事，对诸葛亮以礼相待，却并不赋予诸葛亮重任，只让诸葛亮处理一些后勤工作，这是仍对诸葛亮的能力存疑的表现。

诸葛亮知道刘备和众人心中的顾虑，要想服众，需要合适的时机和事实证明，在此之前，他必须有足够的耐心，韬光养晦，低调做事。

一个人想要创下一番大事业，往往需要具备一系列成熟条件作为基础，所谓功到自然成。但是，导致失败的往往不是付出的努力不够，而是耐心不足。

耐心不足的人，往往不懂得韬光养晦的道理，过早崭露锋芒，或因一时成功而得意忘形，或恃才傲物，高调张扬，结果往往惹人猜忌，招人妒恨。最终他们不是败于自己下的功夫不够或才能不足，而是在小人拆台或敌人的干扰下功亏一篑。这种人，明明有出众的能力，却往往在最关键的时候遭遇失败。

古往今来，取得大成就的人物，很少有能够一鸣惊人的。人心叵测，很多时候，想要立于不败之地，就要懂得隐藏自己的目标、动机，因为展示目标、展露野心，就会示人以弱点；暴露动机，就很难不触及他者的利益，从而招致打击。

那么，一个人要怎样隐藏自己的志向、动机呢？

刘备在曹操的监视下浇地种菜，装出一副整日无所事事的闲散样子，本质上，就是在隐藏自己逐鹿天下的志向。除此之外，更重要的一点，就是要做到不争。很多时候，人们在面临质疑、非议时，会费尽口舌去为自己辩解，其实这样做，等于对自身动机的"不打自招",与其如此,不如选择沉默,暗中积累实力,让对手摸不清自己的底细,从而暗中积累实力,为准备成功所需的各项条件争取时间。

　　当然,韬光养晦,低调做事,并不意味着消极等待,而是耐心地积累和积极地等待时机,这样才能在机遇到来时充分展示自己,这是成功必不可少的智慧。

大事起于难,小事起于易。故欲思其利,必虑其害;欲思其成,必虑其败。是以九重之台,虽高必坏。故仰高者不可忽其下,瞻前者不可忽其后。(诸葛亮便宜十六策·思虑)

闲中布子忙中用

建安十三年（208年），荆州内忧外患，外部强敌环伺，内部政权不稳。

江夏之战中，刘表帐下大将黄祖在孙权的追击下兵败被杀，曹操对荆州亦虎视眈眈，荆州外部强敌环伺。荆州内部，刘表的继室蔡氏排挤刘琦，拥护刘琮，二子纷争使得荆州内部危机重重。

荆州局势将如何发展？刘表邀刘备前来商议，诸葛亮随刘备一起到了荆州。

诸葛亮在刘备动身去荆州之前，就告诉刘备，如果刘表提议为黄祖复仇，不可答应；如果刘表提出托付荆州，则务必答应。但刘备并没有按诸葛亮的既定计划行事。

刘表与刘备相见后，刘表提议要为黄祖复仇，刘备提出应从长计议，婉拒刘表的提议。随后，刘表直言自己年老多病，待自己去世，希望刘备可以接管荆州，刘备念刘表有收留之恩，不愿乘人之危，再次婉拒刘表的提议。

刘表的长子刘琦听闻刘备抵达荆州，便登门拜访刘备，并将自己当下受到继母排挤的事情告诉了刘备，请求刘备出手相助。刘备自认为不便插手刘表、刘琦的家事，暗许刘琦可向诸葛亮询问脱困之计。

次日，刘备谎称身体不适，让诸葛亮代替自己去回拜刘琦，刘琦邀诸葛亮入室饮茶，询问诸葛亮如何摆脱当前被继母不容的困境，诸葛亮几番推脱，不愿多言一字。刘琦无奈，于是故意引诸葛亮到一处阁楼之上，并暗地里命人撤去上下阁楼的楼梯，不让诸葛亮离去。

诸葛亮与刘琦推心置腹，用春秋时期晋献公的两个儿子申生、重耳的故事来启发刘琦。申生、重耳曾遇到和现下刘琦相同的境况，申生、重耳为继母不容，争斗过程中，申生不肯逃亡，结果被逼自杀，重耳出逃成功，后来返回晋国，成为春秋五霸之一晋文公。诸葛亮建议刘琦自请离开荆州，外出避祸，去驻守江夏，远离纷争旋涡。

刘琦采纳了诸葛亮的建议，请示父亲允许自己去驻守江夏。刘表找来刘备商议此事，刘备便作了顺水人情，对刘琦要驻守江夏表示非常赞同。如此，刘琦得以从荆州权力纷争中顺利抽身而去。

刘琦驻守江夏,刘表驻守荆州,刘备则驻守西北边界,三人合力,随时准备应对孙权、曹操的进攻。

诸葛亮为刘琦献策,让刘琦驻守江夏,不仅解了刘琦当下的困境,也为日后刘备退守江夏做好了铺垫。

刘琦

(?—209年),山阳郡高平县(今山东省微山县)人。刘表的长子,刘琮的兄长。为远离纷争,曾自请出任江夏太守。在赤壁之战后被刘备保举为荆州刺史。

卧龙军师诸葛亮：
大事起于难，小事起于易

铜雀三台遗址公园曹操雕像

第二章 卧龙出山：
收放自如，方能事半功倍

稳住心态，闲时不废，遇事不慌

诸葛亮辅佐刘备初期，各方势力与刘备方并无正面激烈冲突，诸葛亮多从事后勤工作，大智慧暂无用武之地。

诸葛亮心态平和，并不急于证明自己。诸葛亮跟随刘备访荆州，扮演的是一个谋士的角色，而非指挥千军万马的军师，对此诸葛亮并没有觉得怀才不遇，而是一边做好本职工作，一边帮刘备筹谋伺机取得荆州。

在刘备拒绝接管荆州，打破诸葛亮的计划后，诸葛亮依然心态平稳，另谋计划，借巧妙地为刘琦献脱困之计，悄然为刘备谋划好了退居之地。

人生并非一帆风顺，难免遇到困难，一个人要成大事，必须沉得住气，在遭受冷遇和困顿时稳住心态，不自乱阵脚，如此才能从容应对各种情况和变故，扎实地走好每一步。

聪明的人，常常以退为进

刘琦求助于刘备，刘备将诸葛亮推荐给刘琦，由此，诸葛亮得以接触到刘琦，为刘琦献计。这件事本应该是诸葛亮乐于见到和接受的，但诸葛亮却对刘琦的求助表现出了"抗拒"，这是为何？原因如下。

其一，如果刘琦刚有求于诸葛亮，诸葛亮就立刻献计，难免会让刘琦怀疑刘备推荐诸葛亮是早有筹谋。诸葛亮很清楚，帮助别人的动机很重要。如果刘琦的求助对诸葛亮而言是"正中下怀"，那么诸葛亮的援助就有了乘人之危之嫌。这种例子在日常交友或商业合作中比比皆是——有的人明明帮了别人，但看起来似乎自己从中获利，结果不仅得不到他人的感激，反而显得自己别有用心。

其二，刘琦再三请求诸葛亮，甚至撤去阁楼的楼梯不让诸葛亮离去，诸葛亮再三推辞，以退为进，最后无奈才献计，这更能体现出诸葛亮救人于水火的大义。

日常交友或商业合作，同样是帮助他人，和举手之劳相比，排除万难后的仗义出手，往往更让人感动，也更能加深施助者和受助者之间的情谊。因此，与人相处，帮还是不帮，如何帮，一定要拿捏好分寸，既不可伤了彼此的情分，也不要让对方觉得理所当然。

未雨绸缪，为未来做准备

诸葛亮为刘琦献计，并非全为帮助刘琦，更是为刘备铺路。

从表面来看，诸葛亮献计帮刘琦脱困，是碍于刘备的面子和刘琦的请求。实际上，诸葛亮是非常乐意为刘琦献计，让刘琦去驻守江夏的。一则刘琦驻守江夏可免受迫害，二则刘琦感念刘备救命之恩，日后刘备落难，刘琦必然会回报刘备，可在江夏为刘备提供投奔之处。由此可见诸葛亮做事周全，具备未雨绸缪、居安思危的大智慧。

那么，诸葛亮为什么如此重视未雨绸缪呢？难道就不能临机应变吗？

后世一些人认为诸葛亮做事过于谨慎，总想准备充分。还有一些人提出，诸葛亮用兵过于依赖计划，循规蹈矩，按部就班，战术不够灵活。比如，魏延曾在诸葛亮北伐时提出过轻兵急袭长安的"子午谷奇谋"，最终却未被诸葛亮采纳。这些人感叹，如果诸葛亮不过分地未雨绸缪，按照魏延的策略，北伐的历史就有可能被改写。

这其实是对诸葛亮的误解。事实上，诸葛亮并不过分在乎一时的得失，他深知当时的蜀国缺少的是发动战争以及赢取战争的实力，实力才是诸葛亮军事战略的核心，才是他所筹谋的大局，诸葛亮居安思危，努力为未来做准备，不仅是对于孤军深入这步险棋的顾虑，更是对魏、蜀之间国力、兵力差距的担忧。他知道，一城一地的得失，是不足以逆转这种差距的，割据陇右，避免在实力不足的情况下与魏军决战，才是他的战略目标。

一个人、一个团队或是一个企业，在任何时候，都要有未雨绸缪、为未来做准备的意识，不能只局限于眼前的利益，还要为应对日后可能会面临的瓶颈、困境、危机等做好准备。比如，在项目开展之前预先做好知识储备，挖掘潜在客户，打通资金链，策划应急预案，等等。这一切，都是谋为了提高之后的行动的容错率，没有这些未雨绸缪的举措，等到危机出现时，即便领导者本领再高，也将无力扭转乾坤。

根伤则叶枯,叶枯则花落,花落则实亡。柱细则屋倾,本细则末挠,下小则上崩。(诸葛亮《便宜十六策·阴察》)

面对强敌，适时放弃

荆州地势险要，孙权和曹操都想将其收入囊中，荆州的局势一时间十分紧张。

曹军猛将夏侯惇率领十万大军攻打新野，新野小县岌岌可危。《三国志》中记载："荆州豪杰归先主者日益多，表疑其心，阴御之。使拒夏侯惇、于禁等于博望。"

刘备的军队如何应对夏侯惇的进攻呢？

根据《三国演义》中"诸葛亮火烧新野"的相关描述，诸葛亮主动向刘备请缨，要求负责制订应对曹军的作战计划，还特意要来了刘备的剑和印，刘备应允。诸葛亮召集众将领集合，围绕火攻之策，一一分派任务。

卧龙军师诸葛亮：
大事起于难，小事起于易

湖北荆州古城

关羽领兵埋伏在密林中,烧曹军辎重粮草。

张飞领兵埋伏在山谷中,到博望城旧囤粮点放火。

赵云领兵充当前锋军,正面迎敌,佯装败退。

刘备领兵充当后援,先佯装弃营逃走,再折返杀敌。

诸葛亮领少数兵马坐守县城。

各方任务安排好后,大家各自领兵,依计行事。

夏侯惇带兵与赵云、刘备先后正面相逢,两军厮杀,赵云和刘备佯装败退,引夏侯惇过安林,关羽放火烧了夏侯惇的粮草,赵云和刘备折返回杀,张飞在博望城放火,曹军各处失守、进退两难,一时间死伤无数。

事实上,自从诸葛亮跟随刘备来到新野之后,关羽、张飞就对诸葛亮十分不满。在这次作战之前,关羽、张飞对诸葛亮不满的情绪上升到了极点,因为诸葛亮从来没有通过实战证明过自己的军事才能。关张二人商定,通过实战检验一下诸葛亮制订的作战计划是否能击败夏侯惇的军队,如果不能获胜,就去找诸葛亮问罪。

事实证明,诸葛孔明绝不是一个只会纸上谈兵的军师,他制定的作战方案周密、高效,将士们依计行事,果然将夏侯惇率领的十万大军击溃,刘备的军队获得了全胜。博望坡之战充分体现了诸葛亮卓越的军事才能,通过这一战,也让关羽、张飞二人对诸葛亮心悦诚服,得胜归来的关张二将见到诸葛亮以后,拜服于地，羞愧难当。

《三国演义》中记载："却说孔明收军。关、张二人相谓曰：'孔明真英杰也！'"这一战，诸葛亮既赢得战功，又赢得人心。

不过，《三国志》中有这样的记载："刘表使刘备北侵，至叶，太祖遣典从夏侯惇拒之。备一旦烧屯去，惇率诸军追击之，典曰：'贼无故退，疑必有伏。南道狭窄，草木深，不可追也。'惇不听，与于禁追之，典留守。惇等果入贼伏里，战不利，典往救，备望见救至，乃散退。"根据文中"备一旦烧屯去"和"备望见救至"等语句判断，火攻夏侯惇的计划似乎是由刘备制订、督战。

无论史实如何，经此一战，刘备方获胜，夏侯惇败走许昌。

夏侯惇战败，曹操亲自率领大军直奔荆州而来。很快，曹仁、曹洪率领的第一批曹军就来到了博望。

刘备与诸葛亮二人一边命人张榜通知百姓到樊城避难，一边商议退敌的策略，准备水攻、火攻并用：

关羽领兵埋伏在城外河流上游，先用沙袋截流，后水淹曹军。

张飞领兵埋伏在水势缓慢的渡口，追杀经此逃跑的曹军。

赵云领兵分组埋伏在各城门处，先放曹军进城，再等黄昏起风时以火烧城，唯留东城门截杀出逃的曹军。

曹军果然中计，先在城中被火攻，从东城门逃出时遭到赵云的截杀，到了城外又遭水淹，从渡口逃走时又遇到张飞的追杀。如此下来，曹仁、曹洪率领的第一批曹军大败而归。

曹军第一批军队虽然败了，但是数十万大军人数众多，来势汹汹，再加上刘表病死，继任的刘琮已向曹操投降。刘备一方孤立无援，只能带领着百姓一路奔走。

曹军行军快速，一路逼近樊城，诸葛亮建议放弃樊城，赶往襄阳。中途又遭遇蔡瑁等人的阻挠，于是，刘备军队又带领着百姓改赴江陵。

曹军很快又追上了刘备，江陵也不是安全的容身之所，刘备一方寡不敌众，一路败退。

好在天无绝人之路，之前逃离权力纠纷、驻守江夏的刘琦出兵接应刘备，刘备等人稍有喘息之机。

夏侯惇

（？—220年），字元让，沛国谯郡（今安徽亳州）人。汉朝开国功臣之一夏侯婴的后人，后入曹操麾下，成为曹军中颇具声望的将领。

面对质疑，用实力征服他人

诸葛亮有感于刘备三顾茅庐的知遇之恩，心甘情愿跟随刘备来到新野，帮助刘备发展势力，谋取霸业。但是他非常敏锐地察觉到，自己初出茅庐就被刘备委以重任，拜为军师，很多人对他并不认同。因为自己没有在实战中证明过自己，而关羽、张飞、赵云等武将早已是名扬天下的将军，未必愿意听从他的将令。面对这种情形，诸葛亮并不慌张，而是提早做了谋划，准备通过一场完美的军事行动击碎他人对自己的质疑。很快机会就来了，博望坡火攻夏侯惇不仅证明了自己的能力，同时也将刘备集团内部的不和谐因素化解掉。从此以后，将士们团结一心，同仇敌忾，刘备的军队不断壮大。

在日常的生活和工作中，人们经常会遇到他人对自己能力的质疑，在这个时候，最好的解决办法不是立即辩解或者抱怨，而应关注自身，通过合适的时机以实际行动为自己正名。当他人看到你的实力，就会自发地改变对你的看法，而那些曾经的误解、诽谤也会不攻自破。

适时放弃，及时止损

诸葛亮与刘备并肩作战，一战夏侯惇，二战曹仁、曹洪，都取得了胜利，但面对曹操后续人数众多的士兵，诸葛亮并没有劝说刘备奋力抵抗，而是建议刘备弃城而走。

先弃新野，再弃樊城，又弃江陵，连续弃城奔走，不是认输和投降，而是避免无谓的牺牲。

现实生活中有太多人执着于某一人或某一事物，不懂得适时放弃、及时止损，最后导致陷入困境，甚至绝境。

比如，企业一心想发展壮大，明明实力有限却连铺几条产品线，任何一条都不忍舍弃，结果导致优秀产品无力推销，冗余产品无法消耗，企业被拖垮。再如，在一个不合适的恋人身上无谓地耗费心血和青春，明明知道不可得却仍深陷其中、无法自拔，最终自己伤痕累累。

凡此种种，都是不懂得适时放弃、及时止损的表现，最终拖累的只能是自己。

有舍才有得

刘备兵败新野后坚持要带着城中百姓一起逃亡，难道诸葛亮不知道百姓带得越多，行程越慢，最终可能导致全军覆没吗？诸葛亮当然知道，但诸葛亮认同刘备的做法。

诸葛亮早在隆中献策时，就认为刘备可以"人和"与曹操的"天时"和孙权的"地利"抗衡，带百姓奔逃，正是刘备仁德的表现，刘备一方舍弃的是自身安危，赢得的是民心。

对于大多数人来说，鱼和熊掌不可兼得，想要得到，就必须有所舍弃。在条件有限的情况下，抓住对自己最有利的方面，才是聪明的做法。

第二章　卧龙出山：
收放自如，方能事半功倍

湖北荆州古城墙与护城河

故以弱制强，以柔制刚。纯柔纯弱，其势必削；纯刚纯强，其势必亡；不柔不刚，合道之常。（诸葛亮《将苑·将刚》）

第三章 ▼

赤壁之战：
谈笑间，樯橹灰飞烟灭

诸葛亮舌战群儒、智劝孙权、妙借东风、三气周瑜，其风姿惊艳古今。谈笑间，以赤壁之战，奠定三分天下之基。

诸葛亮只身赴东吴,顺利促成孙刘联盟。虽然舌战群儒、智劝孙权、妙借东风、三气周瑜等都只是《三国演义》中虚构的故事,但我们依然能够从中一窥智圣葛亮的风采。

面对险境镇定自若,身处弱势依旧能谈笑风生,如此,才有机会反败为胜。

舌战群儒的风采

刘备与麾下将士在与曹操的大战中败下阵来,不得不退守江夏。一到江夏,诸葛亮再次向刘备提出建议——联吴抗曹。

《三国演义》里描述道,为了促成与孙权的联盟,帮助刘备摆脱眼前的困境,诸葛亮不顾安危,只身随鲁肃过江会见孙权。等待他的,是气势汹汹、百般挑刺的东吴群臣。

诸葛亮到达东吴后,先去了馆驿中休息,第二日一早,在鲁肃的引荐下,得以与孙权及张昭、虞翻、步骘、薛综、程秉、严畯、陆绩等文武大臣二十余人逐一相见。

东吴群臣大都是主和派,他们并不想和坐拥百万之众的曹操大军正面冲突。料想诸葛亮此次前来必然是游说孙权抗击曹军的,东吴群臣早已准备好驳斥诸葛亮,令他知难而退。

主和派的代表人物是东吴第一谋士张昭,他率先发难,问诸葛亮出山前是否经常自比管仲、乐毅。

而诸葛亮云淡风轻地说,这只是他生平中一个寻常的比喻罢了。

张昭见诸葛亮承认,讥讽道:当初刘备为了请诸葛亮出山,不辞辛苦,三顾茅庐,后如愿请出先生,自以为如鱼得水,如虎添翼,能很快在诸葛亮的帮助下夺取荆州,结果荆襄一夜之间被曹操占领,这是为什么呢?

张昭说这番话,是为了讽刺诸葛亮自吹自擂,徒有虚名。

诸葛亮知道这是张昭借机刁难自己,于是不慌不忙地回应道:自己的主公刘备要想得到荆州易如反掌,只是刘备宅心仁厚,不忍心夺取同宗基业,所以一再推辞。刘琮听信佞言,暗投曹操,才令曹操如此猖狂。如今刘备屯兵江夏,别有良图,这并不是等闲之辈可以知晓的。

张昭却步步紧逼,抓住诸葛亮辅佐刘备却失却荆州的事实不放,讽刺道:先生出山前,刘备尚且能够纵横寰宇,割据城池,如今有了先生,刘备的军队却接连大败,远不如当初的声势,可见先生根本无法与管仲、乐毅相提并论。

张昭这番话堪称犀利,他列举了过往的事实,企图在诸葛亮开口之前,就给他扣上一顶"无能"或"名不副实"的帽子,这样一来,诸葛亮后面的话,也就失了分量。

诸葛亮面对这种近乎人身攻击的质疑言论,却镇定自若,他先是嘲讽对方是眼光短浅的燕雀,不知鸿鹄之志,后又说道:这就好像一个人身染重病,应当先让他食用一些稀粥,佐以温和的药剂,待其腑脏调和,形体渐安,再让他进补肉食,并佐以猛药,这样做才能祛除病根。如果不等病人气脉和缓,便投以猛药肉食,只会令病情雪上加霜。

诸葛亮举这个例子,是想告诉东吴群臣,刘备当初军败于汝南,麾下兵不满千,大将只有关羽等人,彼时他的处境正好比是病入膏肓的病人,此时不应一味求胜,而要调养生息,等待彻底恢复实力。

随后,诸葛亮又强调,当初刘琮暗自投降于曹军,刘备对此一无所知,他不忍夺同宗之基业,又不忍放弃数十万赴义之民,实乃大仁大义。

接着,诸葛亮列举了刘邦、韩信的故事,说明胜败是兵家常事,一时的失败说明不了什么。然后厉声道:国家大计,应当是有勇有谋的人来谈论,那些夸辩之徒到了紧要关头,恐怕连随机应变的能力都没有,真是被天下人所耻笑!

诸葛亮长篇大论,这一番回击说得有理有据,说得张昭哑口无言。

这时,席间忽然有一人高声问道:如今曹操兵屯百万,将列千员,龙骧虎视,平吞江夏,先生如何看待这个问题?

诸葛亮认出那人是以狂直敢谏闻名的虞翻,于是不失礼节地答道：曹操收袁绍蚁聚之兵，劫刘表乌合之众，哪怕拥兵百万也不足为惧。

虞翻却冷哼一声，道：军败于当阳，计穷于夏口，此刻不得不在此寻求我们帮助，却说不惧曹操，可见是大话欺人！

言下之意：你们也是怕了曹军，走投无路，才来找我们帮忙！

诸葛亮回击道：我主公刘备以数千仁义之师，安能敌百万残暴之众？此时退守江夏，也是为了等待时机。现今江东兵精粮足，且有长江之险阻隔，这种情况下，在座诸位却还是不顾天下人的耻笑，极力劝说你们主公向曹贼投降，相比各位，刘备还真不算是惧怕曹贼！

虞翻无言以对，败下阵来。

这时，席上又有一人问道：诸葛先生是想要效仿苏秦、张仪，前来游说东吴吗？

出言的人是步骘，见前面的人无法辩驳诸葛亮，他便直接戳穿诸葛亮此行的动机。

提到苏秦、张仪，诸葛亮胸有成竹，不卑不亢地道：你认为苏秦、张仪不过是一介辩士，却不知他们真乃人中豪杰。他们都有着匡扶天下的智谋，不是那些恃强凌弱的人可以比拟的。在座诸君听到曹操虚发诈伪之词，便吓得立马劝说你们主公投降，怎么还敢嘲笑苏秦、张仪呢？

步骘用苏秦、张仪攻击诸葛亮，诸葛亮便夸赞二人的能力和功绩，步骘的论点便不攻自破了。

见步骘败下阵来，席上一人忽然大声问道：孔明先生认为曹操是怎样的人？

发言的人是薛综。

诸葛亮答道：天下人都知道曹操是汉贼，又何必问呢？

薛综道：先生此言差矣，汉室天数将终，如今天下三分之二已归曹公，而刘备认不清局势，强行与其相争，以卵击石，怎能不败？

薛综想要抬高曹操的身价地位，以此压低刘备和诸葛亮的地位，但相比前面几位，薛综这番言论就像是"送分题"。

诸葛亮抓住机会，毫不留情地驳斥道：身为汉臣，见到有狼子野心的人，就应当尽人臣之道，将其除掉。曹操不思回报，反而怀着谋逆之心，这早已引起天下人的共愤，你却说曹操是天命所归，我不想与你这般无父无君之人谈论。

在大是大非面前，薛综满面羞惭之色，自然无法应答。

席上又一人起身，乃是陆绩，他问道：曹操虽挟天子以令诸侯，却是西汉开国功臣曹参的后人，刘备号称是皇叔，却无可稽考，我们只知道他从前是织席贩屦之徒，他如何能与曹操抗衡？

这里，陆绩说到了名分，他没有抬举曹操，而是攻击起了刘备的出身。古人做事都讲究名分，这在当时是十分重要的。

诸葛亮不得不认真起来，然而表面还是一派和气地笑答道：

曹操是曹相国后人，曹家世为汉臣，如今却欺凌君父，悖逆祖宗，可见是汉室之乱臣贼子。刘备堂堂帝胄，当今皇帝按谱赐爵，哪里来的无可稽考？当年汉高祖从微不足道的亭长做起，最终赢得天下，织席贩屦又有什么可耻的？你可真是没有见识。

陆绩对曹操和刘备的"一拉一踩"，换来诸葛亮的"一踩一拉"，陆绩闻言，一时语塞，愣在当场。

席上众人见无法从正面驳倒诸葛亮，又有一人站出来说道：你所说的都是强词夺理，不必再说了！请问你可曾著书立说，有何大作呢？

发言的是严畯，他见正面说理不行，又企图将辩论的核心引到对诸葛亮本人的攻击上。之前张昭的这一企图，已经失败了一次。

诸葛亮见他没有吸取教训，于是微笑道：寻章摘句，这些都是腐儒的做派，如何能兴邦立事？伊尹、姜子牙、张良、陈平等人，都有匡扶宇宙的才能，可他们一生中也并未著书立说。相反，那些书呆子只懂得舞文弄墨，对军国大计却一窍不通。

一席话说得严畯垂头丧气，又是无言以对。

突然，又有一人说道：诸葛亮你只知道说大话，未必有真才实学，说出来恐怕被儒者耻笑。

诸葛亮见发言的人是汝阳名儒程秉，不以为然道：儒者有君子小人之分，那些小人之儒，笔下洋洋洒洒能写千言，胸中却无半点实用的计策，比如那扬雄，以文章闻名于世，却屈身侍奉篡权的王莽，最终落得投阁而死的结局，这些小人之儒，根本不值得效仿。

程秉想以儒家正统向诸葛亮发难，借一派学说压他一头，结果被诸葛亮归到了"小人之儒"的行列，几乎将他直接从儒家"开除"出去，一番话说得他张口结舌。

不管东吴群臣如何刁难，诸葛亮都应答如流，东吴群臣于是逐渐没了气势。随着东吴群臣一一败下阵来，诸葛亮的谈判地位得到了巩固，这为他在之后的孙刘联合中给刘备争取平等的同盟地位、争取最大限度的利益奠定了基础。

孙权

（182—252年），字仲谋，吴郡富春县（今浙江省杭州市富阳区）人。其父孙坚、兄长孙策皆为东汉末年割据群雄。公元208年，孙刘结盟，于赤壁大败曹操。公元229年，孙权正式创建吴国，成为三国时期孙吴开国皇帝。

气势不能输，从心理上压制对方

当诸葛亮面对东吴众多能言善辩的大臣、谋士时，毫无胆怯之态，他始终保持着强大的气场和冷静的头脑，不卑不亢，气定神闲，对答如流。

诸葛亮在保持稳定的心理状态的同时，利用言语、肢体动作、说话时的语气等不断冲击对方的心理防线，从心理上牢牢压制对方。

在辩论场上或商业谈判中，想要为自己争取更多的话语权，首先要保持自信，争取从气势上压倒对方。其次，辩论或谈判过程中要尽可能地向对方施加心理压力，突破对方的心理防线，并借势占据上风。

先声夺人，擒贼先擒王

东吴群臣中，首先向诸葛亮发难的是张昭，他自称"江东微末之士"，看似客气，言语中却暗含尖刺。诸葛亮知道张昭是孙权麾下第一谋士，若能辩倒张昭，就能瓦解群臣的气势。于是他滔滔不绝，巧用比喻论证、举例论证等各种辩论技巧毫不留情地回击张昭。

所谓"擒贼先擒王"，诸葛亮先声夺人，成功辩赢张昭，为这场舌战的成功打下了良好基础。

在辩论场上或商业谈判中，也可以采取"擒贼先擒王"的方法，先解决最关键的人或问题，让局面倾斜向己方，剩下的问题解决起来便轻松很多。当然，想要达到先声夺人的效果，在辩论或谈判过程中也要有理有据，以事实为基础，并结合多种语言技巧去逐一阐述论据，才能让对方信服。

避虚就实，妙用对比，见招拆招

诸葛亮在面对对手辛辣的提问时，或者避开对手的真实意图，专门针对对手话语中的漏洞去进行反击，或者巧妙地使用对比法，令对手连连败退，无言可对。

比如，步骘嘲讽诸葛亮效仿"苏秦、张仪"，不过是个卖弄口舌的说客，诸葛亮却不顺着对方的思路去反驳，反而说起了苏秦、张仪的过人之处，这般避虚就实，令步骘哑口无言。

虞翻讽刺刘备不敌曹操狼狈逃走，还敢说不惧怕八十万曹军，是在说大话，诸葛亮却说刘备即使力量微弱也要与曹操为敌，东吴群臣明明坐拥天险且兵强马壮，这种情况下却还想着要向曹操投降，如此一对比，群臣有多懦弱，刘备就有多勇敢。这番对比之下，东吴群臣都觉羞惭，气势更弱了几分。

避虚就实、巧用对比法也可运用在现实生活中，尤其是在辩论场上或商业谈判中，不要急着阐述自己的观点，不妨先耐心倾听对方所说的话，先弄明白对方的论点和论据，然后寻找对方论据中的漏洞，在思考成熟之后，再针对对方的弱点猛烈进攻，或避虚就实，或巧用对比，为自己争取更多胜算。

智激孙权、周瑜，促成联盟

诸葛亮舌战群儒大获全胜后，在鲁肃和黄盖的引荐下，见到了孙权。

诸葛亮见到孙权，心中便有了主意。两人寒暄一番，孙权率先试探地问诸葛亮，是否对曹军的情况很了解。

诸葛亮故意说，刘备兵微将寡，无法与曹操相抗衡。

孙权问曹兵一共有多少，诸葛亮答道，恐怕有一百多万人。

孙权表示不信，诸葛亮便将曹操的百万大军及麾下足智多谋之士、能征惯战之将详细分析了一番，以此向孙权说明，曹操的军事实力是毋庸置疑的。

听闻曹操实力雄厚，孙权开始对曹操的野心有了担忧。见

卧龙军师诸葛亮：
大事起于难，小事起于易

智激孙权

状，诸葛亮添油加醋道：曹操如今沿江下寨，积极准备战船，恐怕曹操此时的目标就是江东。

孙权心下一惊，问诸葛亮，如果曹操图谋江东，东吴究竟是该战还是该降？

诸葛亮见孙权上了套，于是再一次强调曹操的军事实力，劝孙权先掂量掂量自己的实力，如果无法与曹军抗衡，那不如听了东吴众谋士的建议，放下武器，脱下盔甲，向曹操俯首称臣。

孙权听了诸葛亮的话气血上涌，质问道：那刘备为什么不投降呢？

诸葛亮将刘备大大夸奖了一番，说刘备是皇室后裔，雄才伟略，世人仰慕，怎能屈服于曹操？

孙权怒火中烧，退入后堂。一旁的鲁肃责怪诸葛亮说话太不客气，何必要得罪孙权。

诸葛亮却让鲁肃请出孙权，说他自有妙计去抗击曹操。

鲁肃听言大喜，忙请出孙权，一同听诸葛亮的破曹良策。孙权见到诸葛亮，首先表示了担忧：刘备先前大败，此时是否有余力抵抗曹军？

诸葛亮知道孙权的言外之意，孙权一是质疑刘备是否具有同东吴结盟的资格，二是对对抗曹军没有信心。

为了打消孙权的疑虑，诸葛亮分析道：虽然刘备刚刚战败，但仍有不少精兵良将，而曹操的军队远道而来，沿途辛苦，此刻必然是疲惫不堪，此为其一；另外，曹操兵将皆为北方人，不熟悉水战，东吴却占据地利，只要与刘备联合对战曹军，未必会败，此为其二；荆州百姓臣服于曹操，并非出自本心，而是迫于曹操威势，一旦孙权与刘备结盟，这些人恐怕会见势倒戈，令曹操腹背受敌，此为其三。

最后，诸葛亮诚恳地说道：如果将军你诚心同刘备合作，一定能打败曹军，等曹操战败，必然会退守北方，到时候，荆州、东吴趁机壮大，就能与北方的曹操形成鼎足之势。成与败，都在于将军你的选择，还望将军定夺！

诸葛亮一番话说得孙权心悦诚服，他终于同意要与刘备联盟抗曹。但随后在群臣的劝说下，孙权又迟疑起来，最终，他想要听听心腹近臣周瑜的看法。

周瑜分别与张昭、程普、黄盖、韩当等文臣、武将见面，互通心声后，便又在鲁肃的引荐下，见到了诸葛亮。

这场会面中，周瑜先是和鲁肃讨论了东吴此时的境况，周瑜故意和鲁肃说，曹操实力强大，东吴只有投降才能偏安一隅。

听了周瑜的话，诸葛亮在一旁冷笑。周瑜皱眉，问诸葛亮为何冷笑，诸葛亮便顺着周瑜的话，说自己是在笑鲁肃不识时务，此时向曹操投降确实很合理，既可保全家老小性命，又可保全富贵，岂不妙哉。

随后，诸葛亮不顾鲁肃的怒意，继续说道，曹操曾发誓要得到江东二乔，不如效仿范蠡献西施之计，将大乔小乔两位美人送给曹操，这能让曹操心甘情愿地退兵。

诸葛亮非常清楚大乔与孙策、小乔与周瑜的关系，之所以这样说是为了激怒周瑜。周瑜听了诸葛亮让东吴献出"二乔"的建议，内心虽然很愤怒，表面上却没表露出来，他反问诸葛亮，曹操想得到江东二乔，有什么凭证？

诸葛亮则不慌不忙地回答：曹操在漳河上修建了一座华丽的铜雀台，就是准备自己晚年居住享乐的，其中一个愿望就是广选天下美女于铜雀台中。曹操的三子曹植曾经写过一篇《铜雀台赋》，赋中的"二乔"便可证明，曹操进攻江东，实际上是为这两个女子而来。

周瑜听了诸葛亮的解释，勃然大怒，他告诉诸葛亮，大乔是孙权兄长孙策的妻子，小乔则是他自己的妻子。诸葛亮听后故意假装不知道，不停地向周瑜赔礼。而此时的周瑜早已是满腔怒火，他果真相信了诸葛亮的话，认为曹操是个厚颜无耻的人，发誓必须与曹操决一死战，不共戴天。其实，曹植创作的《铜雀台赋》中，原意是描绘了铜雀台的两座桥，诸葛亮巧妙改动了这篇赋中的句子，故意激怒周瑜，促使他早日下定破曹的决心。

随后，周瑜说服孙权联合刘备对抗曹操。就这样，诸葛亮总算完成了与东吴联盟的重任。

反其道而行，扭转弱势地位

历史上，诸葛亮游说孙权的经过正如《三国演义》中所描述的那般精彩。当诸葛亮以说客的身份只身前往东吴时，孙权一方的姿态是很倨傲的。刘备刚经历战败，实力薄弱，孙权原本以为诸葛亮会低声下气地寻求东吴的帮助，谁料诸葛亮见到孙权时，根本不提联盟之事，反而让孙权掂量自己的力量是否能与曹操相抗衡。

诸葛亮反复强调曹操实力强大，东吴在百万曹军面前几乎没有胜算，这将孙权一方同样推入弱势地位，无形中令孙权气势减弱，加重了孙权的危机感，为这次的成功游说做好了铺垫。

现实生活中，当我们处于弱势地位的时候，不妨换个角度去思考问题，反其道而行。比如，当求职时，首先要摆正姿态，不要因为自己居于弱势就唯唯诺诺，在回答面试官提出的"你能为公司带来什么价值"的问题时，除了要强调自己的价值，不妨反问公司在未来发展中有何竞争优势、怎样帮助员工进步等问题，通过这些问题去恰到好处地展示自己的主动性、思维能力、表达能力等。有时候，这样的尝试恰恰能帮助我们扭转弱势地位。

第三章　**赤壁之战：**
谈笑间，樯橹灰飞烟灭

东吴大帝孙权纪念馆孙权雕像

欲擒故纵，妙用激将法

诸葛亮在游说孙权、周瑜时都采用了激将法。比如，诸葛亮故意让孙权臣服于曹操，又说刘备英才盖世，不可屈居于曹操之下，所以不投降，这番话似乎是将孙权与刘备进行了对比，最后果然激起孙权的战意。

激将法可谓是一种实用的心理策略，可运用在现实生活中的方方面面，具体使用时就是要巧妙利用对方的自尊心，欲擒故纵，激起对方不服气的情绪，使其产生更大的行动力。需要注意的是，激将法不能乱用，对于那些强势、好面子、自尊心较强的人可适当使用，对于那些自卑的人则应慎重使用。

看清形势，抓住问题的本质

诸葛亮能成功说服孙权，除了巧用智计外，关键的还在于他能一眼洞悉敌我双方的形势，并能将刘备、孙权一方的优势及曹操大军的劣势分析得十分透彻，让孙权听得连连点头。

现实生活中，如果我们正处于困境中，首先要做的是积极地收集有用的信息，在此基础上准确地分析形势，抓住问题的本质，这样才有可能找到跳出低谷的方法，不至于让自己长久地陷于被动局面。

草船借箭，化解危机

曹操听说刘备和孙权联手对抗自己，十分愤怒，就派蒋干到东吴探听虚实。蒋干青年时期和周瑜曾经是同窗，周瑜听说蒋干要来江东，知道他是曹操派来试探自己的，便设下"群英会"招待他，并伪造与曹军水师都督蔡瑁、张允往来的书信，故意让蒋干带回去给曹操，目的是借曹操之手，除掉曹营中唯二有水师操练经验的蔡瑁、张允。

曹操看到信后果然中计，他怒不可遏，认为蔡瑁、张允通敌，立即下令将这二人斩首。周瑜的水军没了对手，对于破曹就更有信心了。

周瑜认为自己的这一招"借刀杀人"玩得十分高明，足以瞒

卧龙军师诸葛亮：
大事起于难，小事起于易

蒋干盗书

过所有人的眼睛,但对诸葛亮却没有信心,他想知道诸葛亮是否能识破,于是让鲁肃前去试探。而诸葛亮早就看穿了周瑜的计谋。当鲁肃告知周瑜这一结果时,周瑜顿时感觉诸葛亮城府太深,应该趁现在除掉他,否则将来必然会成为东吴的大麻烦。但是孙刘同盟之下,他又不能直接杀人,于是就想了一个办法。

第二天大帐内议事,周瑜故意问诸葛亮:孔明先生,决战在即,与曹军在水路交战,用什么兵器最合适?

诸葛亮说:水路交战以弓箭为先。

于是周瑜便委托诸葛亮在十天之内赶造出十万支狼牙箭,大战在即,希望诸葛亮不要推脱。没想到诸葛亮却说:十天才赶造出来,早已经贻误了战机,依我看只需要三天,就能向周都督献上十万支箭。

周瑜闻言,心中窃喜:既然他自己夸下海口,到时就休怪军法无情了。诸葛亮按照周瑜的要求立下了军令状,如果三天之内完不成任务,就要军法处置。

诸葛亮回到住处,并没有开始安排造箭。鲁肃找到诸葛亮,他深深地为诸葛亮担心,因为如果三天后完不成任务就要搭上性命。但诸葛亮却并不慌张,他只是要求鲁肃帮自己准备二十条快船,每条船配上二三十名士兵,并且将每条船上扎满稻草人,听候调用。

前两天,诸葛亮竟然没有任何行动。到了第三天晚上,大雾弥漫,诸葛亮命人将鲁肃请到船上,随即命令士兵开船,直奔曹军水寨。鲁肃一看船只向曹营驶去,顿时吓得不知所措。诸葛亮让鲁肃少安毋躁,很快就会揭晓答案。

当船只靠近曹军水寨时,诸葛亮命令军士将二十条船一字摆开,士兵在船上擂鼓呐喊。曹军一见东吴战船突然出现,随即准备出战,报告给曹操后,曹操认为当日大雾垂江,敌军突然出现,贸然出战会遭遇敌人的埋伏,于是马上调集了军中的弓弩手,命他们乱箭退敌。一时间,箭矢如蝗虫般飞来,落满了半边草船,诸葛亮让士兵继续呐喊,同时将船只的另一侧调转过来,大雾下,不明情况的曹军则继续向"草船"射箭。箭雨持续到凌晨,诸葛亮算定每只船上收获的弓箭数量差不多了,才命令士兵们停止擂鼓呐喊,掉头返回。此时曹操才知道自己中计了。

鲁肃走出船舱,看到每只船都密密麻麻插满了弓箭,称赞诸葛亮真是神人。经过清点,每只船上大约收获了五六千支箭,二十条船收箭十万有余。当诸葛亮将十万支箭交给周瑜时,周瑜目瞪口呆,难以相信眼前的一切,最终又不由得发出叹息:"孔明神机妙算,我不如也!"

诸葛亮利用自己的聪明才智,巧妙化解了周瑜对他的一次迫害,同时也留下了"草船借箭"的千古美谈。

第三章 **赤壁之战：**
谈笑间，樯橹灰飞烟灭

草船借箭

不按常理出牌，反而能出奇制胜

《三国演义》中，周瑜为了刁难诸葛亮，让诸葛亮在十天之内造十万支箭，这是根本不可能完成的任务。如果诸葛亮拒绝，周瑜首先能让诸葛亮的威信与信誉扫地——号称算无遗策的诸葛亮也不过如此，也有办不到的事情；其次，周瑜甚至能以延误军情的罪名处置诸葛亮。

周瑜心里在想什么，诸葛亮一清二楚。于是，他当机立断地接下了这个不可能完成的任务，并主动将十天缩短为三天。结果，诸葛亮果然顺利地完成了任务。

诸葛亮为什么能完成任务？原因在于他不按常规思路出牌，想到了借箭的妙计。生活中，我们在面对强大对手或复杂问题时，如果常规思路无法帮助我们解决问题，不妨勇于创新，出奇制胜，用别出心裁的想法、不拘一格的行动去破除困境。

善于利用对手的长处

即便孙刘顺利联盟，孙刘军队和曹操大军的实力依旧差距不小，比如曹操军队军资充足，军械精良，而孙刘一方缺少箭矢。大战在即，诸葛亮和周瑜通过与曹军的对比，迅速发现了己方的劣势在哪里，随后，诸葛亮想出借箭的妙计，即利用曹军的优势来弥补己方的弱点,这才一举扭转了局势。

  在职场上或商场上,如果竞争对手比我们强大太多,不妨避其锋芒,学会利用对手的长处来成全自己。比如,通过调研、学习和借鉴竞争对手在产品质量、售后服务、管理、营销等方面的成功经验,将其转化为己方的优势,再以此同对方竞争,无形中将提高胜算。

故天作时不作而人作,是谓逆时;时作天不作而人作,是谓逆天;天作时作而人不作,是谓逆人。智者不逆天,亦不逆时,亦不逆人也。(诸葛亮《将苑·智用》)

万事俱备，只欠东风

刘备与孙权顺利结盟，两方结成的同盟军在赤壁与曹操率领的几十万大军隔江对峙。为了一举击败曹操，诸葛亮与周瑜在经过一番缜密的分析后，共同制订了一个"火攻"的计划。

曹军将士大多是北方人，不善水战。曹操不知该如何解决北方士兵晕船的问题，这让他苦恼不已。埋伏在曹营的庞统向曹操献上连环计，即将所有战船用铁索连接在一起，增加稳定性，将士行走在船上，便不那么容易晕船。曹操听从了庞统的建议，下令将战船用铁索连接在一起。

这就为实施火攻之计埋下了伏笔。然而，如何顺利实施火攻，却成了周瑜的一块心病。

其实，曹操早已想到了敌人火攻的可能。曹操手下谋士程昱和荀攸提醒曹操防范火攻，但曹操十分自信地认为：要用火攻，必须借助风势，而当下正值冬季，江东吹的是西北风，敌兵都在南岸，敌若用火攻，则无异于引火自焚。

这也正是让周瑜苦恼的原因。

先前，周瑜曾与部下黄盖上演了一出"苦肉计"的戏码，随后黄盖写了一封信托人送给曹操，信中假意向曹操投诚。这其实是为了制造接近曹军水寨的机会，一旦曹操入了圈套，孙吴大军将在黄盖"投诚"的那一天实施火攻计划。

在精妙的部署下，黄盖的苦肉计果然奏效，一切准备妥当。如此一来，火攻的条件全都完备，只差最重要的"东风"了。然而，左等右等，孙刘大军却一直等不来东风，火攻计划因此一再搁置。战况拖得久了，形势不容乐观，这才拖出了周瑜的心病。

诸葛亮看出周瑜的难处，于是对周瑜说自己自有妙法借来东风。见诸葛亮一脸自信的样子，周瑜将信将疑。

某一天，诸葛亮设下祭坛，然后煞有介事地开坛作法，果真"借"来东风。其实，所谓的开坛作法不过是个障眼法，诸葛亮是通过夜观星象及观察日间的气温变化准确地推测出哪一天会起东风。

那一日，当风向逆转的那一刻，战争的局势也随之改变。

东南风大起，这破天荒的"神迹"让孙刘联军士气大盛，在周瑜的指挥下借助火船的攻击杀过江去，将曹操的水寨烧成灰烬，八十万大军也被杀得七零八落，全军覆没了。

诸葛亮回到刘备军中，马上给各位将领委派任务，赵云、张飞、关平、刘封等将都有重要军事行动，却单单没有派出关羽。这是因为诸葛亮担心关羽重情重义，会念及曹操当年的恩情，放走曹操。但关羽当即表态，不会顾及旧情，并且立下了军令状。诸葛亮见关羽态度如此坚决，就派他到华容道拦截曹操。

果然不出诸葛亮所料，当曹操带着残兵败将路过华容道向关羽求情时，关羽不忍心杀害曹操，真的把曹操放走了。回营复命时，各位将军都立了大功，唯独关羽向诸葛亮请罪。诸葛亮知道关羽是故意放走了曹操，既然有军令状，只能按军法处置，准备将关羽斩首。危急时刻，刘备亲自为关羽求情，诸葛亮才免去关羽死罪。

至此，赤壁大战以孙刘联军大获全胜而告终，刘备的实力也开始以荆州为根本发展壮大起来。

卧龙军师诸葛亮：
大事起于难，小事起于易

湖北赤壁古战场风光

懂得借助外力

借东风的典故虽然是虚构的,但孙刘联合本质上就是一场借来的东风。

不论刘备还是孙权,凭借自身的实力或条件都无法单独对抗曹操,在赤壁之战中,孙刘两家的奇人异士纷纷出马,可谓是八仙过海各显神通。而这正是诸葛亮谋划的结果。

在现实生活中,个人的能力是十分有限的,甚至是微不足道的。有的人遇到问题只知道单打独斗,面对失败的结果,就自认倒霉,觉得时运不济,感慨命运不公。殊不知,即便武力强大、天下无双的吕布,最终也因为单打独斗兵败身亡,何况我们一个普通人呢?但是,只要懂得借助外力,取长补短,即便能力有限,也有颠倒乾坤的机会。

要懂得创造机会

没有机会,就创造机会。孙刘联合达到了取长补短的效果,很大程度上壮大了对抗曹操的力量,但仍远远不是曹操的对手。面对一个统一了北方、平定了中原、在东征西讨的战争中所向披靡的强敌,实力上的悬殊,导致有利于联军的机会少之又少。

虽说赤壁之战是"万事俱备",但倘若仔细分析,就不难发现，所谓的"万事俱备"，只有少数的有利条件是利好诸葛亮和周瑜的，除了"曹兵远来，水土不服""在荆州不得人心"等条件外，庞统的"连环计"，黄盖的"苦肉计"，都是孙刘方主动创造的机会。

万事俱备，并不是天命所归的结果。有的人天赋平平，甚至有先天缺陷，面临重重困难，却也能走出自己的一条康庄大道。比如，安徽的一个年轻人，自幼患病无法独立行走。在常人眼里，上天给他留下的是一条"绝人之路"，但他却以自己的经历和病症为契机，以自己的身体作为实验品，参与科技创新项目，成功研发出能够帮助残疾人站立行走的外骨骼器具，既实现了创业，也使自己获得了站立行走的机会，他因此被人们亲切地称为"扭扭车男孩"。

现实中，很多人明明拥有健全的心智和身体，甚至拥有一些不错的条件，却总是抱怨没有机遇，将自己的失败归结为时运不济，认为自己只要有机会，就必然能够逆袭成功，其实这是一种错觉。很多人的"万事俱备"，都是"尽人事"的结果，没有过往的无数努力和铺垫，机会是不会主动送上门来的。

怨人不如修己

赤壁之战的胜利，让孙刘双方不约而同地将目光盯上了荆州。此时荆州北部最重要的据点南郡由曹操麾下大将曹仁把守。周瑜率先出兵，派前队临江下寨，想一举夺取南郡。

这日，周瑜正在与部下商议如何夺取南郡，却听闻刘备和诸葛亮也正率兵驻扎在油江口。周瑜猜到刘备也有取南郡之意，便率三千轻骑，赶往油江口会见刘备、诸葛亮。就在这次会面时，诸葛亮和周瑜商量决定，周瑜先去攻打荆州首府南郡，如果成功，那么刘备将放弃荆州，如果失败，刘备再去取荆州。

结果，周瑜率领大军攻打南郡时受了箭伤，为了避免错失良机，他将计就计，装作病危，使曹仁放松了警惕。周瑜偷袭曹军得手，损失惨重的曹仁不得不退离南郡。鹬蚌相争，渔翁得利，诸葛亮抓住机会，一举抢占南郡及荆州其他诸郡，然后给周瑜修书一封，表明自己是在得知周瑜受伤且未能攻占南郡的情况下才出兵，并未失信。周瑜见信后气得伤口崩裂，从战马上坠落。

不久，刘备的妻子甘夫人去世。周瑜听说后计上心来，他劝说孙权将妹妹孙尚香许配给刘备，到时候再做图谋。孙权依计向刘备提出东吴要与其永结姻亲，同心破曹。诸葛亮知道这件事后，立马看穿了周瑜的计谋，他让刘备将计就计，且看孙权、周瑜的葫芦里究竟卖的什么药。

原来，周瑜原本是想等刘备来东吴成婚时，将其拘禁为人质，须拿荆州来换才放刘备，如果刘备不从，就先取他性命。谁料孙权之母吴国太知道这件事后大骂周瑜，且在见到刘备后对刘备青眼相加，执意将女儿孙尚香嫁给刘备。周瑜无可奈何，他思忖多日，再次计上心来，想要将刘备困在东吴，令刘备沉迷于温柔乡中，逐渐丧失夺取霸业的决心。

诸葛亮对周瑜的谋划心知肚明，在诸葛亮的启发和指引下，刘备用自己真诚的举动感动了孙尚香，于是，她不顾周瑜的阻拦，和刘备一起离开了东吴。周瑜亲自带兵阻截刘备，却被诸葛亮预先安排好的伏兵打败，落荒而逃。逃跑时，心有不甘的周瑜被嘲讽"赔了夫人又折兵"，气得伤口再次崩裂。

周瑜拖着病体，率兵回了东吴。孙权知道这件事后，怒不可遏，想要直接派兵攻打荆州，却被拦下。后曹操为离间刘备与孙权，故意表奏周瑜为南郡太守，周瑜越发想要复仇。

后来，东吴一再要求刘备归还荆州，刘备便告知东吴一方，等自己的军队攻取西川后再归还荆州。可刘备迟迟不行动，孙权和周瑜心急如焚。周瑜想出一个计策，那就是谎称帮助刘备攻占西川，实际上带兵占领荆州。诸葛亮轻易就看穿了他们的计谋，并且想到了破解之法，就是写信告诉周瑜一旦攻打荆州，曹操便可能趁此机会偷袭东吴。

周瑜读完信后怒不可遏，于是立马带了几万大军前往荆州。谁知赵云早已带兵埋伏在荆州城内，关羽、张飞、黄忠等大将也从四面围堵而来。见此状况，周瑜急火攻心之下，从马上坠落下来。

周瑜

（175—210年），字公瑾，庐江郡舒县（今安徽省庐江县西南）人。身材英伟，容貌俊美，谋略超群，文武双全，曾亲自率领吴军，以火攻击败曹操于赤壁，是三国时期东吴主要功臣之一，有着"世间豪杰英雄士，江左风流美丈夫"的美誉。

与其嫉妒别人，不如提升自己

"诸葛亮三气周瑜"的故事是《三国演义》的作者杜撰的，并不是真实发生的历史。《三国演义》里的周瑜见诸葛亮能力非凡，便心生嫉妒，欲杀之而后快。他心胸狭窄，无法与优秀的人并肩齐进，反而逐渐走入了死胡同。

古往今来，这样的案例屡见不鲜。相传战国时期庞涓与孙膑曾一同拜于隐士鬼谷子门下。两人年纪相近，志趣相投，格外投缘。

后来，庞涓去魏国闯荡，并凭着出众的才能成为一方名将。得知魏惠王求贤若渴，庞涓向魏惠王引荐了同门师兄孙膑。受到邀约后，孙膑欣然来到魏国。师兄弟久别重逢，不免又同往日一样切磋起了兵法。庞涓这时突然发现，孙膑谈吐不俗，智计百出，超出自己，他心中顿生嫉妒之心。在这阴暗心理的主导下，庞涓设计陷害孙膑，令孙膑被砍断双脚，额上刺字，成为废人。

机缘巧合之下，孙膑被齐国使节所救，投入齐国将军田忌麾下。后齐魏两国爆发了马陵之战，孙膑使用奇智，诱庞涓中计，令魏军大败，庞涓也葬身此战。可见，嫉妒之心往往会蒙蔽人的心智，令人做出糊涂的选择，为前路埋下祸患。

所以，与其将时间、精力浪费在嫉妒别人上，不如集中精力提升自己。一个优秀的对手和优秀的朋友一样珍贵，尊重对手、学习对手的长处，方能成就更强大的自己。

善于利用对方的情绪变化

诸葛亮之所以能成功地"三气周瑜",在于他总是能准确地洞见周瑜的情绪变化,并利用周瑜愤怒的情绪、嫉妒的心理来反转整个局面,掌握主动权。

在现代商场、职场中,无论是面对竞争对手、上司、下属还是客户,首先要保持平稳的情绪,其次要仔细观察、分析对方的情绪变化,了解对方的想法,提前预知对方的下一步行动,继而掌控局面,让事情朝着预期的方向发展。

有些优秀的销售人员往往深谙此道,他们在与客户商谈的过程中,会通过客户的面部表情、肢体动作来掌握对方的情绪状态。如客户挑起眉毛,可能是在表达不满;客户嘴角上扬,可能是表示满意;客户眼神游移不定,可能是对话题并不感兴趣;客户频频抬手看表,可能是着急参加下一个活动……通过这些细微的非语言信号去了解客户当下的情绪变化,适时调整销售策略,能帮助销售人员提升销售成功率。

夫为将之道，有八弊焉：一曰贪而无厌，二曰妒贤嫉能，三曰信谗好佞，四曰料彼不自料，五曰犹豫不自决，六曰荒淫于酒色，七曰奸诈而自怯，八曰狡言而不以礼。（诸葛亮《将苑·将弊》）

第四章
建立蜀汉：刚柔并存，宽严有度

建安二十四年（219年），刘备扎根蜀地，汉中称王。诸葛亮化身铁腕宰相，忠心耿耿，尽心辅佐。

历经种种艰难后,诸葛亮助刘备建立蜀汉政权。大业初建,外部有曹操、孙权虎视眈眈,内部不同人员矛盾频发。如何攘外安内、稳固政权,是诸葛亮面临的首要问题。

诸葛亮面对复杂的局面,依法治蜀、宽严并济,尽显辅君、治国、识人、用人的大智慧。

当好"输血包",助刘备汉中称王

《三国演义》中记载,周瑜亡故后,诸葛亮到东吴为周瑜吊孝,返回时遇到了庞统。

庞统才能出众,但其貌不扬,且脾气不好,在孙权手下并不受重视。诸葛亮知道庞统过得不如意,便写了一封推荐信交给庞统,让庞统拿着信去投奔刘备。

世间早有"伏龙、凤雏,两人得一,可安天下"的言论,"伏龙"是诸葛亮,"凤雏"正是庞统。

庞统找到刘备,只说投奔刘备,不言其他,刘备对庞统留下了丑陋、无礼的第一印象,打发庞统去一个偏远的小县城做县令。做县令期间,庞统整日醉酒,不问政事。

卧龙军师诸葛亮：
大事起于难，小事起于易

第四章 **建立蜀汉：**
刚柔并存，宽严有度

德阳庞统祠

后来，诸葛亮与刘备汇合，问起庞统近况，刘备才知道庞统竟然手握鲁肃、诸葛亮二人的两封推荐信却只字不提。鲁肃的推荐信上写"庞士元非百里之才，使处治中、别驾之任，始当展其骥足""如以貌取之，恐负所学"。诸葛亮也说"士元非百里之才，胸中之学，胜亮十倍"。如此，刘备才重用庞统。

诸葛亮不妒贤嫉能，引来庞统这一得力干将，为刘备阵营注入了新的"血液"。

事实证明，诸葛亮向刘备极力推荐庞统是对的。刘备与刘璋决裂，兵取益州过程中，庞统给刘备献计：假称回荆州，骗杀守关将领，占关隘，取涪城，攻成都。刘备据此在益州之战中占据主动，可惜的是庞统在两军交战时中箭，英年早逝。

诸葛亮不仅引进人才，更甘愿在庞统来后退居二线，在刘备的后方做好"输血"工作。

当刘备和庞统率军在前线作战时，诸葛亮镇守后方。之后，刘备逼近成都（古称益州）时，诸葛亮又及时组织援军入蜀助战。

建安十九年（214年），刘备军队围困成都，刘璋向刘备投降，刘备终于扎根蜀地，成为益州之主。经过几年的积蓄力量，刘备有了与曹操抗衡的实力，终于在建安二十四年（219年）在汉中与曹操决战，取得了汉中之战的胜利，刘备进位汉中王，距离他匡扶汉室的理想更近了一步。

有容人之心，遇强则强

诸葛亮投奔刘备的原因之一在于可以在刘备的帐下得到重用，而且诸葛亮认为庞统"胜亮十倍"，那么，诸葛亮向刘备推荐庞统，难道就不担心刘备重用庞统、忽视自己吗？诸葛亮并不担心。

诸葛亮有卓越才干，但他也知道，刘备要想三分天下，仅靠自己一人辅佐远远不够，必须广揽人才，才能做大做强。团队强大了，自己才更有可能有大作为。有容人之心，遇强则强，这正是诸葛亮的聪明之处。

而这样的智者在历史上并不少见。春秋时期，齐国君主齐桓公想要任命曾辅佐他登上国君之位的鲍叔牙为宰相，遭到鲍叔牙的推辞。鲍叔牙对齐桓公说，想要成就霸业，必须立管仲为相。为了说服齐桓公，鲍叔牙历数管仲的过人之处，最后齐桓公被打动，采纳了鲍叔牙的建议，果真立管仲为相，鲍叔牙则屈居于管仲之下。后来，在管仲和鲍叔牙的共同辅佐下，齐国变得越来越强大，齐桓公也成为春秋时期的第一个霸主。

可见，优秀人才的引入，对个人、对团队均有好处。

对个人来说，作为团队成员，不要害怕团队中引进新的人才，新的人才可以激发个人潜力，促进团队成员之间的良性竞争，有利于个人竞争力的发展与提高。

对团队来说，人才足够多，团队才能最大限度地减少短板、增强整体竞争力。如学习小组、生产团队、营销团队等，仅依靠头部人才，进步的空间终究有限，团队管理者要敢于引进其他人才，促进团队整体的长远发展。

各有所长，强强联合

诸葛亮有高超的治国之才，庞统有过人的军事才干，二人各有所长。诸葛亮推荐庞统加入刘备阵营，正是对自己和庞统有充分的认识，二人相互补短、用长，才能强强联合，共创大业。

《三国演义》中，强强联合的案例比比皆是。最著名的莫过于刘备、关羽、张飞的"桃园三结义"，刘备善于用人，且智谋超群，有着独特的政治智慧；关羽是鼎鼎有名的"武圣"，骁勇善战，威震天下；张飞勇武无双，忠心不二，当默契的三人结成同盟，顿时实力加倍，令"三国第一猛将"吕布频频受挫。

另外，吕布手下大将高顺、张辽曾联合作战，连破夏侯惇、刘备大军；李典、乐进跟随曹操时，两人一文一武，配合默契，创下赫赫战功；关兴与张苞作为蜀汉的后起之秀，深受诸葛亮器重，二人后成为诸葛亮的左右护卫，为蜀汉北伐立下汗马功劳……可见，强强联合，各施所长，才是成功之道。

当前，社会分工日益精细化，很多工作的推进都需要众人合作才能完成，比如，你提供资金，我提供技术，合作开厂；你提供营销渠道，我提供产品，合作营销；等等。强强联合，优势互补、资源互换，才能实现共赢。

但需要注意的是，强强联合的前提是互相尊重，互相信任，平等合作，这样才能达到互利共赢的目的。同时，双方资源共享之前，要明确共同目标、利益分配方式及双方的具体职责，而在合作的过程中，双方都要以大局为重，严格遵守协议，并建立有效的沟通机制，保证资源共享的顺利进行，确保双方利益最大化。

外貌桓桓，中情烈烈，知人勤劳，悉人饥寒，此万夫之将。进贤进能，日慎一日，诚信宽大，闲于理乱，此十万人之将。仁爱洽于下，信义服邻国，上知天文，中察人事，下识地理，四海之内，视如家室，此天下之将。（诸葛亮将苑·将器）

对法正网开一面

在刘备围困成都、进位汉中王的过程中,有一个人发挥了重要的推动作用,这个人就是法正。

法正原为刘璋部下,但刘璋懦弱、昏庸,法正不得重用。刘备围困成都时,法正曾劝刘璋投降,之后,法正投入刘备帐下,跟随刘备进取汉中,常有奇谋,深得刘备器重。刘备进位汉中王后,法正担任要职,"外统都畿,内为谋主"(《三国志》)。

诸葛亮一直主张赏罚严明,但法正的行事风格对诸葛亮的一贯主张是一个不小的挑战。

《三国志》中记载,法正"一餐之德,睚眦之怨,无不报复",法正有仇必报,而且丝毫不手软,"擅杀毁伤己者数人"。法正的肆意妄为让许多人感到不满,有人找到诸葛亮,希望诸葛亮可以惩戒法正。

让人意外的是，诸葛亮并没有惩戒法正，反而劝解那些希望严惩法正的人，应念及法正在主公刘备入主益州过程中所做出的重要贡献，暂且不要去招惹法正。

诸葛亮当然对法正擅报私仇的行为不满，却不能对法正实施严惩，其原因十分复杂，下面简述一二。

其一，法正与诸葛亮均为刘备身边重臣，地位不分上下，诸葛亮"无权"严惩法正，否则会伤了同僚和气，也会让主公刘备难堪。

其二，法正代表了益州旧集团势力，诸葛亮代表了进入益州的新势力，刚取得益州就严惩法正，难免有"卸磨杀驴"的嫌疑，不利于政权内部的团结。

虽然没有严惩法正，但诸葛亮也不会放任法正不管，很快，诸葛亮就为稳固刘备政权做出了新的部署。

审时度势，适当妥协

诸葛亮不认同法正的行为，但也不惩罚法正，客观上体现了审时度势、顾全大局的处事智慧。法正于刘备有重要贡献，而且益州局势刚刚稳定，新旧势力还需要很长一段时间的磨合，从稳固政权的角度来看，当时确实不是惩治法正的最佳时期，诸葛亮的态度和做法是正确的。

评价一个人时，不仅要看其某一行为本身，更应该从整体上去考虑问题。比如，某技术部门的技术骨干工作一丝不苟，常熬夜攻克技术难关，但脾气差、经常迟到。为了顺利推进项目，考虑个人在团体中的贡献，以及对团体未来发展的影响，不妨对该技术骨干的不合群、不守规则的行为适当妥协。

解决问题，堵不如疏，疏不如引

法正擅自杀伤人的行为肯定是不对的，会在政权内部产生一定的消极影响，既然不能严惩，那不如合理疏导。诸葛亮对法正的管理，正体现了解决问题能疏不堵的智慧。

同在一个团队内做事，有人找诸葛亮告自己的状、诸葛亮劝解告状人，这些事情肯定会传到法正的耳朵里。法正并非完全不知分寸之人，诸葛亮不仅没有趁机打压自己，还高度肯定自己以往的贡献，仔细思量之下，法正自然也不好意思再做出格的事情，给诸葛亮添堵。

对于法正的心理变化，诸葛亮必然早有预料，所以自然不必刻意惩治法正。

诸葛亮更聪明的一点还在于，邀请法正一起制定《蜀科》，引导法正自己制定律法、熟悉律法、遵守律法。

在日常生活或工作中，当发现孩子或同事的某些行为不妥时，如果一味地强行制止对方，反而可能引来对方的叛逆和反感心理，不如顺势疏通、引导，让对方认识到问题所在，并自愿改正，避免问题的再次发生。

制定《蜀科》，依法治蜀

刘备入蜀前，为激励部下，曾承诺将士攻下城池后可随意拿取府库的财物。入蜀后，府库财物抢尽后，有些士兵开始抢掠百姓，这样一来，给刘备埋下了失民心的隐患。

此外，刘备入主益州，自领益州牧。此时，蜀汉政权中，既有刘璋的旧部下，又有刘备的旧部下，还有后来投降的马超，不同势力集团，众多将领，利益不同、理念不同，一时间难以融合，自然会产生各种矛盾。

在这种情况下，诸葛亮提议制定律法，依法治蜀，稳固政权。此事势在必行，又是诸葛亮擅长的，刘备欣然应允。

于是，以诸葛亮为主导，建立了诸葛亮、法正、刘巴、李严、伊籍五人组成的立法小组，制定了一部治国法典，史称《蜀科》。

整体上，《蜀科》的立法思路是根据诸葛亮的治国理念所制定的，另外几人只提供建议，并无决策权，凡有意见不一致的情况，皆由诸葛亮定夺。

《蜀科》制定实施后，蜀地上下有序，政权内部和社会治安均有良好改善。对此，《三国志》中记载："科教严明，赏罚必信，无恶不惩，无善不显，至于吏不容奸，人怀自厉，道不拾遗，强不侵弱，风化肃然。"

法正

（176—220年），字孝直。扶风郿（今陕西省眉县一带）人，东汉时期著名学者法真之孙。原本追随刘璋，后在刘备入川后转投刘备麾下。勇猛善战，曾创建累累战功，因此颇受刘备重视，先后担任尚书令、护军将军等官职。

靠人管人，不如靠制度管人

蜀汉政权初定，领导层中有多个重要成员，究竟听谁的好呢？诸葛亮选择拉着大家一起制定律法，大家都听律法的，而不是听某个人的。

从管理学的角度来看，以制度管人，比人管人更加合理和有效。人总有调查不明、考虑不周，或任人唯亲的时候，但制度不会，根据制度办事，可以规避很多因为个人认识不足或因为掺杂个人喜好而产生的错误决策。

严明法制，更能收服和激励人心

诸葛亮主导制定《蜀科》，严明法制，不仅可以树立蜀汉政权的威严，打击强豪劣绅；还有敲山震虎的作用，有效约束类似法正这样容易出格的重臣；更有助于收服民心，巩固立国之本。

其实，诸葛亮执着于法治，本质上就是为了实现公平，只有确保公平，才能收服和激励人心。在封建社会，公平最先普及的地方是军队，所以有军法不容情的说法。在军队中推行公平，当然是为了提高军队的战斗力——上到将军，下到士兵，只有每个人都平等，没有特权，大家作战时才能够同进共退。

战国末期，秦国将公平从军队推行到国家政治的层面，以严厉的法制约束特权阶级。虽然秦国立法过于严苛，但不可否认，秦国因"厉法"而人心凝聚，强极一时，如此立竿见影的效果，在历史上是不曾出现过的。诸葛亮就任丞相时，蜀国实力在三国中最为弱小，以法治国，便如同为这个弱小之国注入一剂"强心针"，以周全的法制收服和激励人心，保证国家能够高效运转。

现代社会亦是如此。在团队管理中，赏罚严明可以规避越权办事、不服从管理、干多干少一个样等问题，有助于为团队成员创造一个公平、公正的工作环境，增加成员对团队的认同感，也有助于激发团队成员工作的主观能动性和积极性。

同僚相处之道

刘备汉中称王，政权内部人员构成复杂，每个人都可以称得上是刘备的得力干将，但他们彼此最初归属不同、脾性不同、认知不同，难免会有各种各样的矛盾。

好在刘备有诸葛亮，诸葛亮能帮刘备妥善处理好各种各样的矛盾，如诸葛亮在面对自己与法正、关羽与马超、刘巴与刘备等人之间的复杂关系和矛盾时，都能处理得井井有条。

当初法正功劳高、脾气差，诸葛亮仅用几招就收服了法正。

而在立法过程中，当法正提出应施恩而非以严刑峻法威慑众人的治国观点时，诸葛亮指出刘璋懦弱、懒政，导致官僚豪强官爵在身却仍胡作非为、肆无忌惮，已经不能用恩惠收拢，只能严明赏罚才能稳定政权，从而通过摆事实、讲道理说服法正。

诸葛亮并不一味与法正唱反调，而是处处从团体利益出发，动之以情、晓之以理,有效避免了政权内部个人矛盾以及不同利益团体之间矛盾的发生。

在刘备团队中,关羽资历最老、武力值最强,入蜀后,竟与年龄、资历都比不上自己的马超几乎平起平坐,心中自然不服。关羽倒也直爽,直接给诸葛亮写了一封信,信的大意是问"马超比我还厉害吗?"

诸葛亮既不说马超比关羽厉害,伤了关羽的颜面,也不说马超比不上关羽,打压马超。

诸葛亮在给关羽的回信中,客观阐述了马超的才能,让关羽认识到马超加入蜀汉阵营的必要性,最后说"犹未及髯之绝伦逸群也",字面意思是"马超的胡子没有关羽的胡子漂亮"。

关羽看了回信,心中明白了诸葛亮的深意,十分欢喜,也不再挑剔马超了。如此,诸葛亮顺利化解了关羽对马超的敌意,避免了关羽和马超之间的矛盾升级。

蜀汉大臣刘巴少年成名,为人清高,十分瞧不上刘备的出身,立志之初就没有想过要加入刘备的阵营。

刘巴曾投靠曹操,后来到南方帮曹操招降荆南三郡,却不料赤壁之战后,刘备一方抢先占领了湖北。刘巴逗留南方时,收到诸葛亮的招揽信,刘巴虽欣赏诸葛亮,却断然拒绝投靠刘备,想绕道回去找曹操,结果在成都被刘备军队俘虏。

当了俘虏的刘巴依然桀骜不驯,甚至冷眼相待慕名前来拜访的张飞。

刘备对刘巴的态度和行为十分不满,但诸葛亮却对刘备好言相劝,让刘备不拘一格重用刘巴。诸葛亮称刘巴出身官宦之家,有辅君之才,难免清高,但如果能将刘巴放在合适的位置,让刘巴能实现个人价值,获得成就感,刘巴一定会尽忠职守。

刘备接受了诸葛亮的建议,重用刘巴。刘巴不仅成功解决了蜀地国库亏空问题,还受邀参与《蜀科》的制定,更包揽了各种政务文书的撰写,为蜀汉政权做出了许多重要贡献。

刘巴

(?—222年),字子初,东汉末年荆州零陵烝阳(今湖南邵东)人。出身高门世家,少有才名,为当时的群雄所青睐,皆想招揽刘巴为下属。后加入刘备麾下,先后担任左将军西曹掾、尚书令等职位。刘备称帝时,刘巴负责起草登基所用诏诰、文书等。

卧龙军师诸葛亮：
大事起于难，小事起于易

湖北荆州关帝庙关羽雕像

学会和不同人打交道

诸葛亮所在的刘备集团中，人才众多，各有特色，诸葛亮与不同人相处，总能找到最合适的方式：与法正相处，并不私交，而是以国家利益共事；与关羽相处，可适当开开玩笑；与刘巴相处，放低姿态。

在职场中，我们会接触到各种各样的人，和各种各样的人打交道，这就需要掌握与不同的人相处的方式与分寸，准确把握和对方谈话的内容、方式及深度，能站在对方的角度来思考问题，让对方在职场中感到舒服和受到尊重。

知人用人，了解对方需求，投其所好

诸葛亮从团体利益出发与法正辩论治国之策，与关羽调侃"谁的胡子更美"，从实现个人价值角度给予刘巴充分的尊重和重用，最终成功化解同僚之间的各种矛盾，这正得益于诸葛亮对法正、关羽、刘巴等人的个人需求的充分了解。

了解对方需求，满足对方需求，这是知人用人、建立良好的职场关系的重要基础。

现代社会生活节奏快，大多数人之间的聊天、洽谈、相处，都不会是为了单纯地消磨时间，多是抱有一定的期待或想要达成某种"效果"。因此,待人、接物、处事,一言一行都要充分考虑对方的期待和需求,比如,在职场沟通中,对失意人,不谈得意事;与新同事相处,细心观察对方的处事习惯与行为喜好,适时送上真诚的赞美;在下属遇到难题时,及时给予帮助……这些举动都能帮助你拉近与同事之间的距离。

总之,"投其所好"才能营造良好的职场社交氛围,才能增强对方与你持续相处、合作的意愿。

巧妙处理君臣之情与兄弟之情

诸葛亮一共兄弟三人,大哥诸葛瑾在他未出茅庐之前就已经到东吴效力,三弟诸葛均后来跟随自己共同为刘备效力。然而,由于诸葛瑾听命于孙权,孙权与刘备又因为荆州的归属问题时常爆发矛盾,所以诸葛瑾经常被派往刘备军中帮助东吴讨还荆州。

在赤壁之战之前,刘备被曹操击败,最终联合孙权又击败了曹操。但是荆州的地盘实际是刘备答应向东吴借的,承诺当自己夺取西川之后就归还荆州。然而在刘备这样一位有雄心壮志的政治家眼中,将如此重要的战略要地还给东吴是不可能的。刘备的终极目的是剿灭曹氏,兴复汉室,所以他绝不会将已经占领的势力范围拱手让人。

在刘备占领了西川之后,孙权马上就派诸葛瑾到成都讨要荆州。刘备、诸葛亮等人得知此事，便商议如何应对。诸葛亮在这中间，是一个非常复杂的角色。一方面他要帮助自己的主公建立功业，要想办法帮刘备保住荆州。另一方面，面对自己的兄长，他又没办法拒绝其请求，并且孙权有言在先，如果诸葛瑾不能圆满完成任务，就拿诸葛瑾治罪。

当诸葛瑾到达成都见到刘备、诸葛亮时，君臣二人早已想好了对策。诸葛瑾奉命行事，有理有据，刘备则表面上不同意归还荆州，而诸葛亮充当中间角色，他向刘备陈述，如果自己的兄长诸葛瑾不能完成孙权的使命，孙权就会治罪于诸葛瑾，因而恳请刘备答应孙权的要求，归还荆州。在这种局面之下，刘备非常不情愿地答应先归还荆州三郡，同时亲自写了一封信，让诸葛瑾带给镇守荆州的关羽，与关羽办理交割手续。诸葛瑾得到刘备的亲笔信，万分高兴，如果完成这一任务，就是为东吴解决了一大难题，所以他迫不及待地前往荆州。

然而，当诸葛瑾将刘备的书信交给关羽时，关羽并没有急着做出决定，他认真思考了刘备信中的表述，又想到诸葛亮与诸葛瑾之间的关系，马上领会了刘备的用意，于是关羽得出了结论：归还荆州三郡并不是刘备的真实意图，不还才是刘备想要的结果。所以，关羽直接告诉诸葛瑾，不可能将疆土送与他人，同时表达了"将在外，君命有所不受"的道理，就将诸葛瑾赶了出去。诸葛瑾无奈，只得再到成都见刘备，此时诸葛亮故意去了外地巡查,刘备就劝诸葛瑾暂且回东吴,他日再做计议。

诸葛亮有感于刘备的知遇之恩,虽然自己的兄长前来讨要荆州,但他仍然以刘备的霸业为重,出谋划策,与刘备、关羽共同挫败了孙权讨还荆州的又一次计划。在这一过程中,诸葛亮既维护了刘备的利益,又保全了与诸葛瑾的兄弟之情,不得不说是一次巧妙的谋略。

> **诸葛瑾**
>
> (174—241年),字子瑜,琅琊阳都(今山东省临沂市沂南县)人。诸葛亮的兄长,少年时曾游学京师,留下才名。东汉末年,诸葛瑾因躲避战乱,前往江东,机缘巧合之下被引荐给孙策、孙权。孙权任其为长史,此后颇受器重,成为孙吴重臣之一。

越是身处高位，越要公私分明

《三国演义》中，诸葛瑾代表东吴前往成都讨要荆州，一见到弟弟诸葛亮，诸葛瑾就叫苦不迭，说自己一家老小现在处境十分危险。诸葛亮听了也十分伤心，他知道是自己连累了哥哥一家。然而，虽然诸葛亮嘴里向哥哥承诺，会想办法把荆州还给东吴，但心里却很清楚，他再关心哥哥，也不可能真的劝说主公刘备归还荆州。所谓"为天下者不顾家"，国事与私情相比，诸葛亮一定会选择摒弃私情，以国家大事为重。

在职场或商场上，越是身处高位，越要公私分明，不要将私人情感带入工作中。当我们身上承担着重大责任的时候，尤其要保持冷静，摒弃私情，以大局为重。

想要做好这点，首先要设定一条公私分界线，以便及时提醒自己，修正不当行为。其次，面对他人打"感情牌"，要沉得住气，始终坚守底线，不轻易妥协，坚持做到公私分明。

巧妙拒绝，力求不伤和气

诸葛亮在国家大事与兄弟情谊之间毫不犹豫地选择了以国事为重，但为了避免伤害兄弟间的感情，诸葛亮没有直接拒绝诸葛瑾，而是"多管齐下"，委婉劝退了诸葛瑾。

首先，诸葛亮采用"顺水推舟法"，假意应承兄长的请求，并在刘备面前为诸葛瑾说情。其次，诸葛亮与刘备一个唱红脸一个唱白脸，同时采取"推卸责任法"，将问题抛给了不讲情面的关羽。最后，当诸葛瑾在关羽那儿碰了一鼻子灰，赶回成都时，诸葛亮采用"回避法"，借故外出，不见诸葛瑾。而刘备则采用"拖延法"，成功劝退了诸葛瑾。

生活中，当我们想要拒绝他人不合理的请求时，也可巧妙采用上述方法。以"推卸责任法"为例，在拒绝同事帮忙完成工作任务的请求时，可以这样回应："我也想帮你，可是领导已经分配给我别的工作任务了。"用这样的方式拒绝别人，便不会让对方感到尴尬。

另外，在委婉拒绝他人的同时还可以提供一些资源，或提供相应的解决方案，让对方感受到你的诚意；还可以适当自嘲，承认自己能力不足，帮不了对方，并反客为主，在某些问题上寻求对方的帮助；等等。

高节可以厉俗,孝弟可以扬名,信义可以交友,沈虑可以容众,力行可以建功,此将之五强也。(诸葛亮将苑·将强)

铁腕宰相，从严治下

诸葛亮立法严明，一向以大局为重，对蜀汉政权中的不安定因素和个人，往往施以严刑，尽显铁血手腕。

这里要提到两个代表人物，即彭羕、刘封。二人行为危及政权稳定，在诸葛亮的主张下，不论亲疏，二人均被斩杀。

彭羕是刘璋的旧部下，在刘备入主汉中后归降刘备。刘备重用彭羕，彭羕逐渐生了骄纵之心。

彭羕有一次和马超一起喝酒，因酒醉而口无遮拦，谩骂刘备，并试图劝说马超与其一起造反。马超将彭羕醉后图谋不轨之事告诉了刘备，刘备转而询问诸葛亮该如何处置彭羕，诸葛亮称留下彭羕，日后必生祸事，于是，刘备便赐死了彭羕。

刘封，本姓为寇，是长沙郡刘姓人家的外甥，在荆州时被刘备收为义子。刘封武艺高超、作战勇猛，在刘备取得益州的过程中多次立战功，多有助力，同时其又能与军中士兵同甘共苦，深得士兵爱戴。

刘备与甘夫人生育刘禅后，为避免将来二子夺权，刘封被外派镇守蜀汉的东三郡。刘封镇守东三郡期间，拒绝出兵相助关羽围樊城、襄阳，间接导致关羽兵败被杀。后来，刘封与部下孟达关系不和，导致孟达背叛蜀国，向曹操投降，由此，东三郡失守，刘封携残部逃回成都。

据《三国演义》描述，早在关羽遇害时，刘备就有擒拿刘封与孟达之心，诸葛亮当时献计称："可升此二人为郡守，分调开去，然后可擒。"或许那时，诸葛亮便有了借机除掉刘封之心，而后刘封与孟达不和，孟达叛降，东三郡失守，刘封接连犯下一系列的错误，最终被斩。

彭羕

（生卒年不详），字永年，广汉郡广汉县（今属四川）人。起初追随益州牧刘璋，后因庞统和法正举荐，顺利加入刘备麾下。但在受到刘备重用后，渐生骄矜之心，最后被诸葛亮惩罚。

罚上立威，赏小取信

彭羕与刘封二人，一个是先依附刘璋后投靠刘备的外部人员，一个是曾在刘备取得益州时屡立战功的自家成员，二人与刘备核心团队的亲疏关系不同，但都因危及蜀汉政权的稳定而被斩杀，体现了诸葛亮罚上立威的管理方式。

诸葛亮对彭羕、刘封严惩，商鞅变法时以徙木立信，这是管理学中两种常见的管理智慧，即罚上立威，赏小取信。

刘备入主汉中，新旧势力集团必然有许多矛盾，这时要稳固政权，就必须将目光盯准"重要人物"，一旦在团体中具有一定地位的人犯错受罚，那么管理者的威信就树立起来了，其他人便不敢随意顶撞或故意唱反调。同时，罚上立威应无论关系亲疏，这样才能让下属认识到管理者在管人过程中的公平、公正，才能更服从管理者的管理。

见微知著，有危机意识

彭羕言行骄纵，诸葛亮预判其可能有不服、谋反之心；刘封身为刘备义子，屡立战功，但诸葛亮知道其身份特殊，日后难免不会有夺权行为。一次酒后吐真言、一个特殊身份，这些危险的苗头，如果不加遏制，很可能会给蜀汉政权带来巨大灾难，诸葛亮断然不会允许这种事情发生，因此在惩罚彭羕与刘封时，坚决重判，毫不手软。

做任何事情都应该有危机意识，如一个坏习惯、一个产品瑕疵、一次用户投诉等，都可能是危机要爆发的预兆，应慎重应对，一定不能存在侥幸心理，要见微知著，将危机扼杀在摇篮里。

第五章
临危受命：成大事者，必善用人

公元 223 年 6 月，刘备溘然而逝。身为托孤重臣，诸葛亮虽感前路艰难，却毅然挑起重担。

诸葛亮曾说："夫治国犹于治身，治身之道，务在养神，治国之道，务在举贤。是以养神求生，举贤求安。"

人才，是治国的根本。古往今来，成大事者，必善用人。诸葛亮求贤若渴，力求人尽其才，才尽其用，他独特的驭人术为后人提供了很好的学习范本。

白帝城托孤

公元219年,荆州周围强敌环伺,局势复杂。先前,驻守荆州的关羽带领兵马大举北伐,战果赫赫,这让曹操心生忌惮,他暗中联络孙权,提出要和孙权一起对抗刘备。

孙权经过一番犹豫后,决定背叛孙刘联盟,和曹操一起抢夺荆州。经过一番部署,孙权一方向荆州发动突袭,荆州三郡很快被攻破,关羽败走麦城,后死于孙权下属之手。

公元221年,刘备称帝,国号"汉",史称蜀汉。为了夺回荆州,为关羽报仇,刘备决定出兵攻打东吴,谁料开战前,噩耗传来,大将张飞被下属杀害。关羽、张飞接连离世,令刘备痛彻心扉,他未改初衷,坚持东征。

这场战争持续了一年多,一开始刘备军队气势高涨,占据上风,但在与东吴对峙七八个月后,最终惨败于夷陵。

卧龙军师诸葛亮：
大事起于难，小事起于易

重庆奉节白帝城

伐吴兵败后，刘备退守白帝城。夷陵之战令蜀汉损失惨重，但刘备并未因此而意志消沉。他强打精神，整顿军队，在他的带领下，军队面貌焕然一新，将士士气也渐渐复苏。

正当刘备准备卷土重来，洗刷夷陵之败的耻辱时，病魔却击倒了他。他缠绵病榻许久，精力越来越差。刘备心中有了不好的预感，他知道他要为将来早做打算。

公元223年春天，诸葛亮赶到永安的行宫，终于见到了主公刘备。见到刘备虚弱的样子，诸葛亮心中酸涩。

刘备将身后事都交代给诸葛亮，后补充道："你的才能强过曹丕十倍，必能安国，如果你觉得我的儿子刘禅值得辅佐，就去辅佐他，如果他没有才能，你就取代他。"

诸葛亮听罢，哭着说："臣一定竭尽全力，效法古人忠贞的节操，以死相随。"

刘备将后事托付于诸葛亮，而后唤来刘禅，让他与诸葛亮一起处理国事，像对待父亲一样对待诸葛亮。

公元223年6月，交代完后事的刘备溘然而逝，终年六十三岁。

不要以小人之心度君子之腹

刘备对诸葛亮说："如其不才，君可自取。"

如今存在着许多关于这段话的"阴谋论"理解，认为刘备故意给出"取代刘禅"的选项，是试探诸葛亮的忠诚之心，甚至有的人认为，一旦诸葛亮表现出想要取而代之的野心，就会被外面埋伏的刀斧手杀死。

这纯属无稽之谈。

了解这段历史的人，大概不会对白帝城托孤产生这种"阴谋论"的歪曲认识。要知道，当时的蜀国内忧外患，是个名副其实的"烂摊子"，刘备托孤诸葛亮，是无可替代的选择。

在托孤之后，刘备当众强调了诸葛亮的权威，为的不过是在这生死存亡的危难之际，团结一切可以团结的力量，而这股力量的核心就是诸葛亮。至于将自己的儿子托付于诸葛亮，让儿子像对待父亲那样对待他，无非是为了给能力平平的儿子留一条出路或者说退路，是刘备基于信任的无奈之举。

正因为诸葛亮和刘备之间有着开诚布公的信任，才使得三分定天下的宏图构想一步步实现。

所以，白帝城托孤，表达的不是猜疑，而是信任。这种信任，在今天的社会关系里，越发显得弥足珍贵。

现在有许多人,习惯将别人开诚布公的举动理解成别有用心,其实这是以己度人的表现。信任是相互的,如果想要得到他人的信任,就要先去信任他人。

忠诚与能力同样重要

"君才十倍曹丕",诸葛亮的才能,是毋庸置疑的,刘备在临死之前,给出了这样的评价,肯定了诸葛亮的"大才"。

但是,诸葛亮能有后来的成就,绝不仅仅是凭借才能。诸葛亮能被称为"千古贤相",除了凭借他的才能、智慧,也在于他的"忠"。

这里的"忠",放在现在社会,指的是忠实、诚信、奉献,是对待理想的不忘初心,是处事待人的有始有终。所以说,忠诚和能力同等重要。如果一个人只想为自己谋取私利,就算他的才能再高,能力再强,恐怕也无法走得长远。只有忠于大局、诚信待人、有始有终,才会走得更远。

卧龙军师诸葛亮：
大事起于难，小事起于易

"白帝城托孤"场景

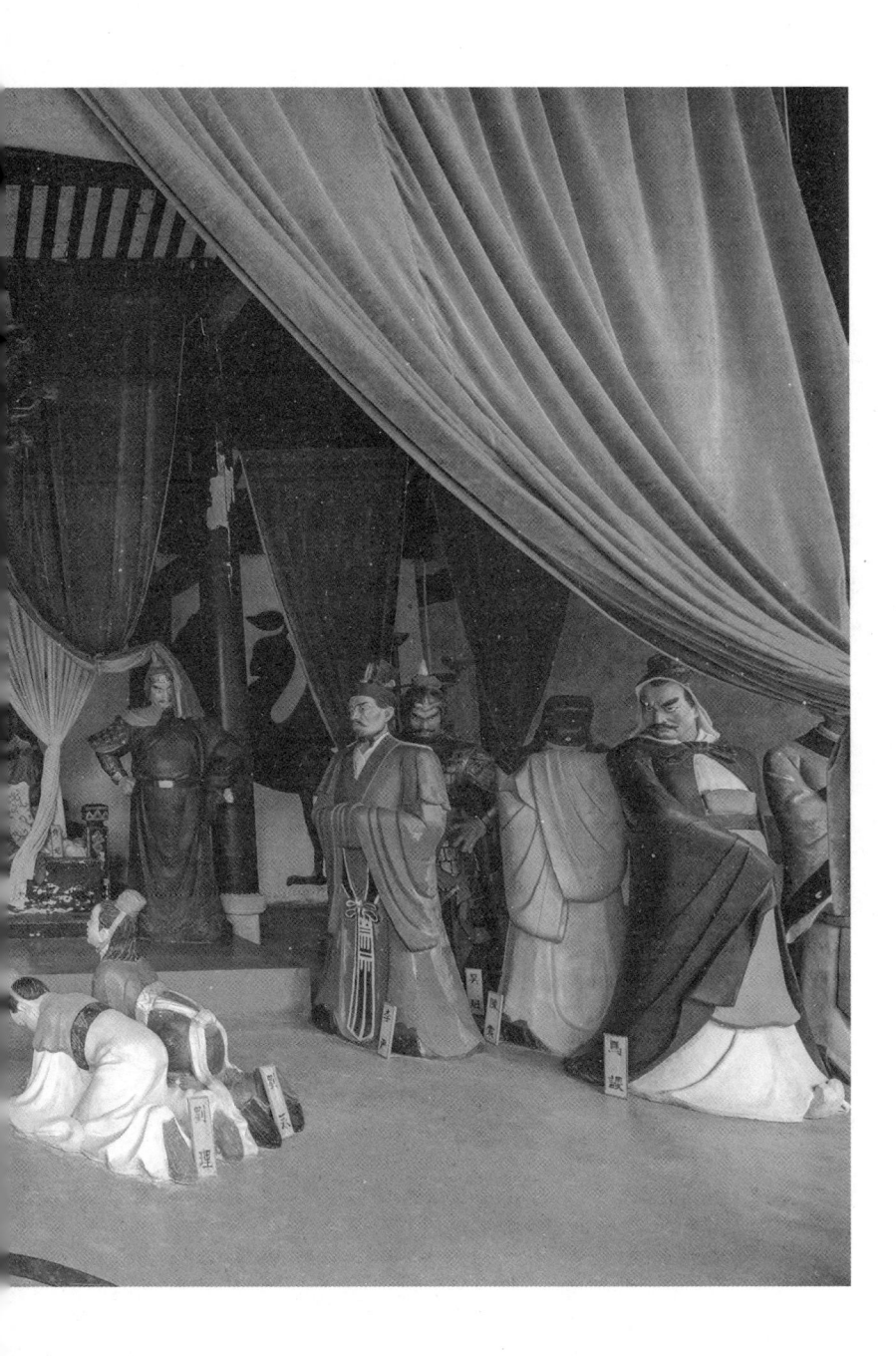

第五章 临危受命：
成大事者，必善用人

然知人之道有七焉：一曰，间之以是而观其志；二曰，穷之以辞辩而观其变；三曰，咨之以计谋而观其识；四曰，告之以祸难而观其勇；五曰，醉之以酒而观其性；六曰，临之以利而观其廉；七曰，期之以事而观其信。（诸葛亮将苑·知人性）

安居平五路

刘备兴兵伐吴最后以失败告终，蜀军退回西川，休养生息。当曹丕得知刘备去世的消息，非常高兴，准备趁着蜀国国中无主，发兵进攻蜀国。魏国大谋士司马懿向曹丕献计，认为刘备虽然新亡，但诸葛亮一定会尽心竭力辅佐刘禅，此时进攻蜀国，只靠魏国一支军队是不行的，还需五路大军一起夹击。

曹丕问司马懿分别是哪五路大军，司马懿一一列出：一是用钱财贿赂辽东鲜卑国王轲比能，让他从辽西起羌兵十万进攻蜀国的西平关；二是前往云南，赏赐蛮王孟获，让他起兵十万攻打益州、永昌等郡；三是与东吴联合，让孙权起兵十万进攻两川峡口；四是让上庸降将孟达起兵十万攻打汉中；五是由曹真亲自率领十万大军，由阳平关进取西川。

曹丕采纳了司马懿的建议，依计行事。五路大军进攻蜀国的消息很快传到了成都，文武百官焦急万分，都急着思考应对之策。在这关键时刻，诸葛亮却多日不曾出门，蜀国群臣疑惑不解，纷纷到诸葛亮府门前求证，然而诸葛亮只是闭门不出。

后主刘禅也十分着急，亲自到诸葛亮府上询问，诸葛亮笑着一一向刘禅解说了应对之策：其一，西番国王轲比能进犯西平关，已派马超前去拒敌，马超世代居住在西凉，羌人知马超神勇，不敢轻举妄动；其二，派魏延引兵与蛮王孟获对敌，但并不出击，只做疑兵之计，孟获多疑，有勇无谋，必然不敢进犯西川；其三，上庸孟达与李严是生死之交，已经让李严修书给孟达，孟达必然托病不出；其四，曹真进犯阳平关，已派出赵云前去拒敌，坚守不出，过不了多久魏军就会不战自退；其五，孙权一路绝不敢孤军深入进攻西川，如果其他四路获胜，孙权就会出兵，其他四路不胜，孙权只会按兵不动，如此一来，五路大军均已退却。

刘禅听了诸葛亮的解释，悬着的心终于放下来，非常高兴地辞别丞相。不久，诸葛亮派出邓芝前往东吴，说以利害，蜀国与东吴再次结盟了。

拿捏对手的"心理软肋"，对症下药

《三国演义》中，面对曹魏的五路大军，诸葛亮不慌不忙，利用五路大军首领的"心理软肋"，对症下药，逐一击破。

比如，诸葛亮深知蛮王孟获生性多疑，便派魏延布下疑兵，令孟获不敢冒进；诸葛亮知孟达重情，尤其重视与李严之间的兄弟之情，便针对孟达的情感弱点，让李严写信向孟达说情；诸葛亮深知孙权是个无比谨慎的人，只要其他四路大军未获胜，孙权必然不敢轻举妄动……诸葛亮看透了人性，针对敌军的"心理软肋"采取心理攻势，逐一化解了危难。

在商业竞争中，也可以尝试打打心理战，比如提前摸透竞争对手或顾客的心理弱点，有针对性地采取心理战略，从中预测竞争对手或顾客的行为和决策，以帮助己方制定更合适的市场营销方案，并最终在竞争中取得优势。

巧用"软资源"，以柔克刚

分析诸葛亮给出的"平五路"策略，我们会发现诸葛亮非常擅长运用"软资源"。比如，特意派马超对抗西番国王轲比能率领的大军，因为诸葛亮知道羌人向来对马超十分畏惧，有马超坐镇，羌人必定不敢轻举妄动；同时，诸葛亮派赵云领兵镇守阳平关，因为曹军畏惧赵云，也不敢轻易冒进。

诸葛亮利用的其实是马家世代居住西凉、在对抗羌人的过程中积累的威望，以及赵云在与曹军无数次大战中积累的战功和威望，这种威望其实是一种"软资源"，让敌军在对战一开始便不自觉地落了下风。

在商业竞争中，也要善于运用"软资源"，比如树立企业威望、打造企业家的诚信形象、撰写品牌故事以增加品牌美誉度等，将这些"软资源"运用得淋漓尽致，才能取得更多的竞争优势。

任人唯贤，量才任职

刘备去世后，太子刘禅继位，改元建兴。年轻的刘禅对诸葛亮很是信任，相继任命诸葛亮为武乡侯、益州牧，并为其开丞相府。诸葛亮不愿辜负刘备、刘禅的信任，越发勤勉地处理政务。

诸葛亮深知人才的重要性，所以在人才选拔和培养上花费了大量的时间和精力。他用人前先识人，只要是他认定的人才，不管花费多少时间和精力，也要将其纳入麾下。

在诸葛亮担任益州牧时，曾频频拜访蜀地的一位人品正直的大学问家杜微，希望对方能入朝为官。

杜微年事已高，不愿进入官场，因此多次拒绝诸葛亮，但诸葛亮不放弃，执着地邀请杜微出山，最后还尊敬地将杜微接入丞相府中。见到诸葛亮后，杜微推说耳聋，于是诸葛亮将想说的话用笔写了下来："您才名远扬，品质高洁，令我仰慕许久。我能力有限，管理益州、辅佐皇上，任重而道远，如果有您的帮助，那么兴复汉室指日可待也！"

杜微沉吟再三，还是推辞。诸葛亮不气不恼，耐心地游说，态度极其诚恳、谦卑。最后，杜微终于答应了诸葛亮的请求，入朝担任谏议大夫一职。

诸葛亮不仅注重选拔文臣，还注重培养与提拔有才能的武将。当初刘备十分欣赏一个叫马忠（本名狐笃）的武将，认为他有将帅之才。诸葛亮开丞相府后，便提拔马忠为自己的直系下属，任命他为军事指挥官。马忠性格果断，治军严明，后来果然战功赫赫、威名远扬，成为诸葛亮麾下最勇猛的大将之一。

张嶷、王平、董允、杨洪、蒋琬等人也是得到诸葛亮赏识的蜀汉大将。

张嶷出身贫寒，性格豪爽，不拘礼节，诸葛亮欣赏他的军事才能，看重他为人忠贞，提拔他为越巂太守。后来，在随诸葛亮北伐途中，张嶷智计百出，屡建奇功。《益部耆旧传》中盛赞道："为臣有忠诚之节，处类有亮直之风，而动必顾典，后主深崇之。虽古之英士，何以远逾哉！"

王平自小长在军营里，识字不多，曾投靠曹操，随曹操出征汉中，后拜入刘备麾下。在街亭战役中，王平处变不惊，带领部下安然脱离险境。这一战中,王平的表现令诸葛亮眼前一亮,于是诸葛亮立马提拔王平为参军,让他统领五部军马。因诸葛亮的重用,王平有了充分的机会施展军事才能。后来,当诸葛亮去世后,王平成功制止蜀军内乱,升任将军。

董允是三国时期蜀汉掌军中郎将董和的儿子。董和为官清廉、勤勉,一直辅佐诸葛亮治理内政,很得诸葛亮的信任。诸葛亮见其子董允为人正直,处事颇有大将风范,便先后提拔他为黄门侍郎、侍中,成为皇帝刘禅身边的近臣。

同时,诸葛亮还令董允统帅皇宫亲兵,交代他处理好宫内事务。后来,刘禅趁着诸葛亮北征,想要多纳几个妃嫔,董允却不怕得罪皇帝,直接劝谏,刘禅只好作罢。董允好比诸葛亮安排在刘禅身边的一根定海神针,时刻监督着刘禅的言行。后董允成为蜀汉"四相"(诸葛亮、蒋琬、费祎、董允)之一,受世人敬仰。

杨洪性格刚烈,他原本是犍为太守李严的下属,后因意见不合与李严起了冲突,便主动请辞。李严推荐杨洪去成都担任从事,杨洪到了成都,见到了丞相诸葛亮。诸葛亮与其一番交谈之后,发现杨洪眼界开阔、能力不俗,当机立断提拔他为蜀郡太守。

后刘备病重之时,汉嘉太守黄元率兵谋反。朝野一片慌乱,人心惶惶,杨洪迅速调遣太子亲兵去对抗叛军,很快擒拿并处置了逆贼黄元，稳定了朝纲。杨洪面对叛军从容不迫、运筹帷幄，可见诸葛亮识人之准。

　　蒋琬一开始官职低微，还曾被刘备误会不勤政事，差点被刘备处置，得诸葛亮保全才安全脱身。等到诸葛亮担任丞相后，立马提拔了蒋琬。后蒋琬越来越得诸葛亮的信任，诸葛亮北伐时，也将丞相府交由蒋琬打理。诸葛亮去世后，蒋琬继其执政，一路高升，最后总揽蜀汉军政。

刘禅

（207—271年），字公嗣，小名阿斗，世称刘后主。汉昭烈帝刘备之子，三国时期蜀汉第二个皇帝，亦为末代皇帝，在位期间约40年。刘禅生于新野（今河南省南阳市境内），成长过程中多次危在旦夕，却都化险为夷。蜀汉建立后，被封为太子。刘备去世后，继位为帝。后蜀汉灭亡，刘禅投降曹魏，被封为安乐公。西晋泰始七年（271年），刘禅于洛阳去世。

用人前必先识人

诸葛亮曾说："（人才）有温良而伪诈者，有外恭而内欺者，有外勇而内怯者，有尽力而不忠者。"

用人之道，难就难在如何识别人才。关于识人，诸葛亮自有一套标准，即"一曰，间之以是非而观其志；二曰，穷之以辞辩而观其变；三曰，咨之以计谋而观其识；四曰，告之以祸难而观其勇；五曰，醉之以酒而观其性；六曰，临之以利而观其廉；七曰，期之以事而观其信。"

可见，诸葛亮将志向、随机应变的能力、见识、勇气、性情、廉洁、信用作为选拔人才的七大标准，识别方法分别是"间之以是非""穷之以辞辩""咨之以计谋""告之以祸难""醉之以酒""临之以利""期之以事"。

现实生活中，管理者选拔人才时要透过现象看本质，从职业道德、职业能力、职业素养等多重维度去设计评价指标，对人才进行综合评定，最终选出合适、杰出的人才。

唯才是举，不拘一格降人才

诸葛亮重视人才，只要通过了他的选拔标准，哪怕某方面条件不足，也会破格录用。比如张嶷出身贫寒，毫无背景，王平大字不识几个，但他们忠于蜀汉，同时有着杰出的军事能力，所以也被诸葛亮重用。再比如杨洪得到诸葛亮赏识后，官职迅速跃升，与之前的上级李严平起平坐，可见诸葛亮用人不拘一格。

在当今时代，人才的流动性非常大，身为管理者，要有不拘一格降人才的魄力和远见卓识，广开进贤之路，大胆启用各类人才，多给人才提供发挥才能的空间。

另外，管理者要正确看待人才的优缺点，不宜求全责备，要善于发挥人才的长处，规避人才的短处，乃至创造一定的机会、提供必要的条件帮助人才"以长补短""化短为长"。

"吾心如秤"，赏罚分明

诸葛亮曾说："吾心如秤，不能为人作轻重。"确实，诸葛亮一直秉持着公平公正的原则去治理朝政、赏罚部下。

蜀汉谋臣廖立曾得到刘备的重用，先后担任长沙太守、巴郡太守，诸葛亮也对他青眼相加，赞他是"楚之良才"，堪比庞统。刘禅继位后，廖立被任命为长水校尉，继续得到重用。此时的廖立却郁郁寡欢，他认为自己天纵奇才，只比诸葛亮差一点，如今却屈居于李严等人之下，实在是委屈。

就在诸葛亮第一次率兵北伐前的某一天，廖立在诸葛亮的副手蒋琬、李邵面前夸夸其谈道："先帝刘备当年不取汉中，却与东吴孙权争夺南三郡，结果最后三郡还是给了孙权，令众将士千里奔波、无功而返，白白消耗国力。曹操抢先夺取了汉中，连益州也差点被葬送。后先帝又带着众将士征战汉中，结果让关羽送了命，上庸也被占领。至于关羽，他不过是个莽夫，治军毫无章法，只知道乱打一气，导致兵力大损。如今朝中向朗、文恭这些人都是庸常之辈……"

廖立将刘备、关羽、向朗、文恭等人逐一指摘了一番，蒋琬、李邵越听面上越是阴沉，最后蒋琬、李邵将廖立的话告知诸葛亮，诸葛亮大怒，立刻写了一封奏章弹劾廖立。

在诸葛亮看来，廖立错就错在太过自大，他官任高职，本应该更谨言慎行，多为大局考虑，却为了一己私利毫无顾忌地诽谤先帝、辱骂群臣，丝毫没想到这样做会动摇军心，破坏朝纲，可见是德不配位，枉为人臣。

很快，廖立被撤去官职，贬为平民，发配到了汶山郡。

诸葛亮赏罚分明的处事原则还体现在箕谷之战后，他对赵云及部下将士的处置上。

蜀汉第一次出兵北伐期间，诸葛亮先命赵云在箕谷布下疑兵，吸引魏国兵力，为蜀汉之后的军事布局创造条件。

但因马谡大意失街亭，赵云疑兵也被识破，面对强敌，赵云毫不畏惧，他及时整顿军队，并让部下率军先退，自己亲自带领一部分精兵断后，最后成功抵挡住了曹军的攻击。

撤兵后，赵云果断地将栈道烧毁，魏军因此无法追击。

等蜀汉所有人马撤到汉中后，诸葛亮复盘箕谷之败，决定给予赵云降级的处罚（一说是降低俸禄）。但因赵云在撤军时表现突出，成功保住了蜀汉大部分兵将和军需物资，诸葛亮决定将剩余军资赏赐给赵云的部下。

除了廖立等人，诸葛亮还曾严惩李严。在诸葛亮北伐期间，李严没有完成运粮任务，且推卸职责，因此被诸葛亮贬为平民，流放在外。李严被贬后，诸葛亮并未牵连李严之子李丰，而是综合考量李丰的性情、才能，提拔李丰担任丞相府从事中郎一职。诸葛亮赏罚有度，令众人心服口服。

赵云

（？—229年），字子龙，常山真定（今河北正定南）人。身材高大，容貌英伟，有勇有谋。赵云原本是东汉末年武将、军阀公孙瓒的部下，后追随刘备。赵云不仅战功赫赫，且心系百姓，有"儒将""常胜将军"的美誉，与关羽、张飞并称"燕南三士"。赵云去世后，追谥为"顺平侯"。

善无微而不赏，恶无纤而不贬

诸葛亮认为一国之主要"明赏罚之理""善无微而不赏，恶无纤而不贬"，即无论多小的善行都应得到奖赏，无论多小的恶行，也要受到惩罚。

廖立的行为表面上看只是发了一通牢骚，并无其他过错，但诸葛亮却给予他严厉的处罚，将其发配汶山郡，终身不得起用。只因诸葛亮深知，负面言论极容易动摇军心士气，危害国家稳定，若不严惩，后患无穷。

职场中，领导要想管理好员工，就要赏罚分明，哪怕功劳再小也要给予相应的奖励，以激励员工的工作积极性；对于一些看似微小实则危害极大的错误，则要给予相应处罚，从源头上解决问题。

赏罚有度，不徇私情

诸葛亮处理国事公正无私，待人奖惩分明，绝不偏袒徇私。廖立、李严等人才能出众，且都曾创下不菲的功绩，拥有极高的声望，尤其是李严，也是刘备托孤重臣之一，诸葛亮曾对他十分信任和亲近。可这样的功臣一旦犯错，无论诸葛亮之前与他们的关系有多亲厚，对他们有多信任，也会严惩他们，不徇私情。严惩李严后，诸葛亮继续任用李严之子李丰，可见其赏罚有度，合情合理。

在职场中，领导在进行赏罚时要以事实为依据，照章办事，而不是看关系、顾忌人情。当然，赏罚之间的尺度也要拿捏好，如果奖赏过多、过于频繁，远远超过下属应得的，很容易让下属滋生骄傲情绪，一旦失去同以往同等分量的奖励，下属可能就会对本职工作产生消极、懈怠心理，不再那么认真负责。另外，惩罚过重，下属难免怨声载道，甚至在关键时刻拒绝配合领导的工作，这反而会令管理产生混乱，造成公司利益受损。

总而言之，领导者只有根据实际情况，做到赏罚有度、宽严并济才能真正树立威信，从而管理好下属。

固行兵之要,务揽英雄之心,严赏罚之科,总文武之道,操刚柔之术,说礼乐而敦诗书,先仁义而后智勇。(诸葛亮将苑·将诚)

以身作则，方能驭人

诸葛亮用人一直主张德才兼备，他在从严治下的同时也严格要求自己，以身作则。

比如，诸葛亮要求部下踏实工作，恪尽职守，他自己就越发勤勉理政，事无巨细，都要亲自处理。几乎每一天，他都早早起床，直到深夜才入睡，蜀国犯法的人中，凡是处罚二十杖以上的，他都要亲自过问。

此外，诸葛亮提倡廉洁奉公，信奉俭以养德，并以身垂范。当初刘备入川后，曾对诸功臣论功行赏，赏赐分为金五百斤、银一千斤等。诸葛亮所累积的赏赐数额丰厚，原本可以过上很富裕的生活，但他却将这些金银慷慨地分赏给部下，自己则蓄财无余。

后来，诸葛亮扶持刘禅登基，堪称一人之下，万人之上。他虽位高权重，却始终廉洁奉公，衣、食皆简单、朴素。他的家人生活亦是俭朴，妻子黄氏甚至都没有多余的衣服可换。

相传，诸葛亮临终前曾上表给刘禅，说明自己的财产情况：桑树八百棵，土地十五顷。他表明心迹道，自己常年在外，不需要再置办其他产业。刘禅却觉得诸葛亮大权在握，不可能只有这点财产。在宦官的谗言下，刘禅下旨查抄诸葛亮的家产，结果发现诸葛亮非常清贫，他的财产比之前申报的还要少得多。刘禅悔恨得怒摔酒杯，痛骂自己不该听信谗言。

从运筹帷幄、决胜千里的军师到一人之下、万人之上的丞相，诸葛亮一直兢兢业业，以身作则，即使死后也从简而葬，成为后世忠臣贤士的榜样。

诸葛亮深知驭人先要驭己、以己正德、以德方能服众的道理。正因为他在身居高位的情况下能够奉公守廉，才让自己成为治下群臣的榜样，所以蜀国上到君臣下到百姓，都对诸葛亮无比敬服。

以身作则，以德驭人

诸葛亮执政期间，蜀汉因为过往历次军事失败，内伐外战，国力空虚，处境艰难，正是大家有难同当的时刻。然而追随刘备的许多臣下，凭借过往的功劳升官发财，过上了相对安逸的生活。条件好了，难免滋生出安逸享乐的想法，这些人身居高位，往往居功自傲，难以约束。要驾驭这样一批下属是极为困难的，诸葛亮一方面以身作则，以德驭人；另一方面，以法治国，对下属一视同仁，确保公平公正。

作为管理者，想要服众，要求别人做到的，自己就要率先做到，别人做不到的，自己也要做得更好。这是因为相比员工，管理者往往身系更大的利益和责任。基于这一点，管理者要做好表率作用。

所谓言传身教，管理者不要只靠言语敦促员工，还要用自身的行为去引导员工前进。想要让员工实现"自我管理"，不妨给员工提供一个"自我管理"的榜样，通过自身的行为激励员工自我进步，自我成长。

三省吾身，吸引人才

诸葛亮身边的直系下属官员，极少有谄媚小人或贪官污吏，如蒋琬、董允、费祎、姜维等人各具才能，同时也都是忠诚正直之士，对蜀汉极为忠心，这正应了"近朱者赤，近墨者黑"的道理。

身为管理者，身边会聚集什么样的人，一方面固然取决于管理者是否能够慧眼识人；另一方面，也取决于管理者本身是什么样的人。管理者是什么样的人，就会吸引什么样的人。有的管理者遍寻周围而未见贤能之人，叹息无人可用，却从未想过问题出在自己身上。自身存有问题的管理者，即便身边有贤能之士，也不可能辅佐他。所以，领导者需要"三省吾身"，注重提升自身才能及品德修养，这样才能吸引优秀人才的加盟。

第六章

南征北伐：深谋远虑，尽人事听天命

北伐路上，诸葛亮殚精竭虑，事事亲力亲为，鞠躬尽瘁。然而，北伐谈何容易，"兴复汉室"的目标遥遥无期。

刘备病逝后，刘禅年纪尚幼，巩固蜀汉政权、南平南蛮、北定中原的重任落在了诸葛亮的身上，诸葛亮事事亲力亲为，鞠躬尽瘁。然而，光复汉室、一统中原，谈何容易，还有诸多问题等着诸葛亮去解决。

权力越大，
责任越大

刘备白帝城托孤后，诸葛亮为相父，加封武乡侯，领益州牧，在蜀汉政权中的权力至高无上。

但先主病逝，旧臣死伤无数，后主刘禅年幼，夷陵之战中蜀汉元气大伤，诸葛亮权力越大，责任也就越大，他面临的是百废待兴的贫弱局面，不得不艰难地扛起蜀汉这面大旗，希望能重振蜀汉，快速恢复实力。

蜀汉当时的形势，不容诸葛亮有丝毫懈怠：蜀汉政权管辖范围内，生活生产亟须恢复，为日后再作战积攒实力；蜀汉南境的少数民族势力蠢蠢欲动，必须设法平定，以防叛乱；蜀汉还必须与东吴摒弃前嫌，继续联合对抗曹魏，以免魏、吴联手吞并蜀汉。

诸葛亮有太多事情要做，当务之急是先恢复蜀汉元气。诸葛亮一方面勤于朝廷政务，对朝廷选法、钱粮、词讼等事亲力亲为；一方面鼓励生产，想办法打击地方豪绅、把持铁盐生产、减轻农民赋税、发展地方水利。一段时间后，诸葛亮的努力有了显著的成效。《三国演义》中这样记载："两川之民，忻乐太平，夜不闭户，路不拾遗。又幸连年大熟，老幼鼓腹讴歌，凡遇差徭，争先早办。因此军需器械应用之物，无不完备，米满仓廒，财盈府库。"蜀汉得以休养生息。

李严

（？—234年），字正方，南阳（今河南南阳）人。后改名李平。刘备生前很是信任李严，在其临终之际，李严同诸葛亮一样，扮演着托孤重臣的角色。公元231年，蜀汉北伐期间，李严因押送粮草不力且狡辩推卸责任被诸葛亮惩罚，贬为平民。后迁居梓潼郡（今四川梓潼），郁愤而终。

成功的管理是对人的管理

夷陵之战，蜀汉大败，此后诸葛亮采取了休养生息的治国政策，大力鼓励和扶持农民从事农业生产，百姓得以安居乐业、夜不闭户。三国时期，曹魏和东吴内乱频生，而蜀汉的政局相对十分稳定，正得益于诸葛亮对民生的重视。

治国必须安"民心"，治企必须安"人心"。

由治国推及管理公司，管理者手握"管人大权"，应重视"人"的稳定，人的稳定，决定着团队的稳定。管理者应采取有力措施，如营造友好气氛、提高员工待遇、打通成员互助及员工升职渠道等，切实提高员工的学习和工作积极性，增强团队凝聚力，避免争权、怠工等内耗行为的发生。对人的管理是否得当，将直接决定着人才去留、团队存亡。

成功的管理者应肩负起个人和团队发展的重要责任，要求管理者必须重视"管人大权"。

"手中有粮，心中不慌"

诸葛亮深知带兵打仗"粮草先行"的重要性，实施休养生息的治国策略为蜀汉政权发展争取到了时间和条件，为日后联合东吴、北伐曹魏、平定南境、出兵北伐等行动，都奠定了良好的物质基础。否则，也许等不到出兵讨伐，蜀汉政局就从内部瓦解了。

"手中有粮，心中不慌"还是一种重要的生存与管理智慧。

对员工来说，有过硬的技术、客户资源"余粮"，才能从容应对突发情况、中年危机等，做到"心中不慌"。

对管理者来说，管理者肩负企业发展的重要责任，任何决策都可能影响企业的生死存亡，凡事要谈资本、有规划，类似企业孤注一掷涉足新领域的行为风险较高，应慎重决策。任何时候，都要给自己、给企业留好"余粮"，如资金储备、人才储备等，万不能不负责任地将企业置于危险境地。

孙刘破冰，联盟才能存活

刘备、关羽、张飞兄弟三人相继死去，他们的死与东吴都存在直接或间接的关系，但幼主羽翼未丰、曹魏虎视眈眈，蜀汉不能和东吴决裂，孙刘的联盟还要继续。

蜀汉一方式微，需要和东吴联合对抗曹魏，东吴一方是否也有联合意向呢？

诸葛亮未出茅庐时就能洞察天下大势，制定三分天下战略，如今，天下大势及走向，诸葛亮依然能看透。

历经夷陵之战，蜀汉一方实力大损，东吴一方虽然取得了胜利，但也折兵损将，实力受创。魏、蜀、吴相互牵制，建立孙刘联盟是大势所趋。

诸葛亮忙于处理各种政务、组织百姓恢复生活生产，分身乏术，于是派邓芝去东吴找孙权讲和。

孙权早了解到蜀汉会派遣使者来讲和，心中不忿，命令手下在殿前陈兵设鼎，士兵各执军器，殿内放灌满热油的大鼎，只等着给蜀汉来劝和的使臣一个下马威。

邓芝来到孙权的殿内，环顾殿内情景顿时知道了孙权的心思，但邓芝毫无惧色地向孙权分析了蜀汉、东吴之间唇亡齿寒的利害关系。邓芝还进一步指出，如果两国联合，进可兼并天下、退可鼎足而立。

最终，孙权被邓芝说服，派张温同邓芝入川通好。

蜀汉与东吴互通使者，互通合作意向，孙刘破冰，重修于好。

邓芝

（？—251年），字伯苗。义阳郡新野县（今河南省新野县）人。三国时期蜀汉大臣，曾任郫令、广汉太守等职。刘备去世后，邓芝曾作为使臣出使吴国，为修复孙吴、蜀汉两国关系立下汗马功劳。后随诸葛亮北伐，创下不俗战功。

利益决定关系

按一般逻辑，刘备讨伐东吴兵败，遗憾而终，诸葛亮应继续伐吴为刘备报仇，但诸葛亮并没有这样做。诸葛亮本就不支持刘备伐吴为关羽报仇，"三分天下"的平衡还没有到打破的时候。因此，尽管蜀汉和东吴结怨，但蜀汉必须摒弃前嫌，联合东吴抗魏。这正应了那句名言："没有永远的敌人和朋友，只有永远的利益。"

现实生活中，很多人避谈利益，实际上，利益是人行动的动力，亦是关系建立的契机。战国时期的孟子与他的老师子思之间的一场对话，便向世人揭示了利益的重要性。

有一天，孟子问子思："治理百姓应以何为先？"子思毫不犹豫地回答说："先要让百姓得到利益。"孟子深感疑惑，认为应当以仁义治理百姓，而不是利益。子思解释说："仁义本来就是为民众谋利的。上位之人若不施仁政，那么下面的人便无法安定生活；上位之人若不行义，下面的人便也尔虞我诈，导致所有人的利益都白白流失。所以《易经》里说'利者，义之和也'，又说'利用安身，以崇德也'。"

在信息多元、开放包容的今天，人与人、团体与团体的关系并非一成不变，在不同的形势下，彼此的关系都可能会发生变化。因此，不要耻于谈及利益，社会的关系链正是由利益串联起来的。

无论是处理人际关系，还是处理商业关系，构建和维护双方关系，应首先考虑双方的利益是否一致，如果彼此利益相同，便可做盟友。当然，利益终究只是关系建立、发展的契机，想要建立深层次的、牢不可破的合作关系，还是要抛弃表面的利益，去真诚地与对方互动，为对方着想，并始终保持诚信。

合作才能共赢

孙刘联盟曾经一起在赤壁对抗曹操大军，曹军被一把火烧得落荒而逃。孙刘联盟破裂后，蜀汉与东吴对抗，关羽、刘备直接因战败而去世，东吴也失去数名大将，双方士兵伤亡更是不计其数。可见，对抗无益，合作方能共赢。这也是诸葛亮要暂时摒弃仇怨，主动派使者前往东吴与孙权修好的原因。孙刘结盟，可以避免"鹬蚌相争"，曹魏得利。

俗话说"一个篱笆三个桩，一个好汉三个帮"，尤其在非常时期，合作往往能带来获胜的契机。这个道理不只适用于孙刘联盟，亦适用于他们共同的敌人——曹操率领的大军。比如，曹操麾下大将张辽、乐进虽然素有仇怨，但在共守合肥时，二人放下成见，合作共抗东吴派来的强兵，最终一举制胜。

在现代社会，竞争对手也可另辟蹊径，通过合作寻求生存和发展机会。比如,当国内某手机品牌遭遇来自国外的手机品牌的竞争威胁时,国内其他手机品牌都曾站出来为其背书。显然,面对共同的竞争对手,唯有携起手来共同应对,才能创造共同的利益,扩大彼此的生存空间。所以该手机品牌在渡过难关后,一直将"与友商共同发展"作为企业战略目标,并认真实施。

另外,在商品市场中,也有竞品联名合作共赢的成功营销案例,合作双方都获得了比较广泛的关注,创造了合作营销的共赢局面。比如,国内两家茶饮品牌曾联名推出新品,获得粉丝的热烈追捧,使得两家的销售额短时间内大幅飙升。可见,合作共赢所带来的利益远远大于恶性竞争。

外伤则内孤，上惑则下疑；疑则亲者不用，惑则视者失度；失度则乱谋，乱谋则国危，国危则不安。是以思者虑远，远虑者安，无虑者危。（诸葛亮便宜十六策·阴察）

七擒孟获，
智收人心

经过休养生息后，蜀汉逐渐恢复了元气，诸葛亮为了避免北伐时腹背受敌，决定先解决一下后方的安定问题，即擒孟获，平定蜀汉南境。

蜀汉地区地势复杂，少数民族众多，刘备去世后，许多少数民族势力图谋犯境侵略，尤其以南蛮王孟获为代表，对蜀汉政权稳定构成了较大威胁。

蜀汉建兴三年（225年），南中（今云南、贵州、四川西南一带）地区，蛮王孟获起兵十万，犯境侵略，地方多个势力与孟获联合勾结，一起造反。

历史上的诸葛亮曾多次擒住孟获、释放孟获，关于具体次数史学界多有争议，不过《三国演义》第九十回明写"驱巨兽六破蛮兵,烧藤甲七擒孟获",敲定了擒孟获的次数为七次,且详细描述了诸葛亮七擒七纵孟获的故事。

一擒孟获。诸葛亮先派王平、马忠正面迎敌,又激赵云、魏延深入重地,再令张嶷、张翼左右夹击,命魏延埋伏在孟获败退的必经之路上,成功擒拿孟获。孟获称,山路狭窄偏僻被擒,不服。诸葛亮便放了孟获。

二擒孟获。诸葛亮派马岱率兵渡江断了蛮兵的粮道,孟获手下将领董荼那为避免百姓涂炭,绑了孟获送给诸葛亮,孟获称,受自己人坑害被擒,不服。诸葛亮亲自送孟获到江边,派船将孟获送走。

三擒孟获。诸葛亮识破孟获弟弟孟优假意献宝,实则想与孟获里应外合偷袭的计谋,将计就计用药酒迷倒孟优等人,连夜撤走,留下空寨,又在孟获回去的路上设下埋伏,成功擒拿孟获。孟获称,因弟弟贪杯误事被擒,不服。诸葛亮便放了孟获及各洞酋长。

四擒孟获。诸葛亮在西洱河边安营扎寨,静待蛮兵,待孟获引兵前来却不应战。几天后,蛮兵士气懈怠,诸葛亮命人在寨中多设灯火后撤兵,派一部分兵力分散埋伏,另派一些兵马偷袭孟获的营地。孟获果然上当,杀到空寨,发现上当,撤退时遭三面围堵,从东路逃走时,被魏延擒拿。孟获称,误中诡计被擒,不服。诸葛亮又放了孟获。

五擒孟获。孟获等人投奔秃龙洞洞主朵思大王，避而不出。传诸葛亮得高人相助顺利通过毒泉，在秃龙洞前扎寨。数日后，银冶洞第二十一洞洞主杨锋擒拿孟获等人送到蜀军营寨。孟获称，洞中之人自相残害被擒，不服。诸葛亮赏赐酒食给孟获等人压惊，随后将众人全部放走。

六擒孟获。蜀军先与孟获妻子祝融夫人交战，后用彩画喷火木兽吓退了木鹿大王的虎豹，蜀军占据优势。待蜀军准备大举进攻时，孟获的妻弟押着孟获等数百人，各带利刀来诈降，诸葛亮识破诡计，将这些人全部擒拿。孟获称，自来送死而被擒，不服。诸葛亮又放了孟获等人。

七擒孟获。孟获等人投奔乌戈国国主兀突骨，蜀军与兀突骨所率三万藤甲军对战，诸葛亮先施计将藤甲军引入盘蛇谷中尽数烧死，后命士兵伪装成蛮兵引出孟获，将孟获及其宗党全部擒拿。随后诸葛亮设别帐、赐酒食，为孟获等人压惊。孟获称，七擒七纵，自古未有，心服口服。诸葛亮封孟获永为洞主，还将蜀军已俘获的士兵、占领的土地都退还给了孟获。

至此，蛮人都感念诸葛亮的不杀之恩，对诸葛亮又敬又畏，视诸葛亮为神明，为诸葛亮建立生祠，表示此后永不背叛蜀汉，蜀汉南方终得平定。

招揽人才，攻心为上

孟获叛乱，诸葛亮并没有采取武力直接镇压，而是与孟获斗智斗勇，七擒孟获，对孟获不杀不辱，以德服人，最终，孟获心服口服，再无叛乱之心。如此，孟获臣服蜀汉，蜀汉集团不仅解决后患，而且增添助力。

诸葛亮收服孟获，主打攻心而非打压，对孟获以礼相待，满足其要求，如此才让孟获甘愿臣服蜀汉。诸葛亮这样的做法很值得现代企业管理者学习。企业管理者在招揽人才时，要关注人才的心理，用企业文化、价值观来吸引人才，从情怀、理想等方面关心人才，最终留住人才。

管理有道，恩威并施

诸葛亮退兵时，将所占之地皆退还给了孟获和各洞主，将所抓获的蛮兵也都放走了，采取了"蛮人治蛮"的政策，如此，南方安定，蜀汉一劳永逸，再无后顾之忧。

很多时候，武力虽然可以解决问题，但不是解决问题的最好方法。试想，诸葛亮若完全凭借武力镇压孟获，难保孟获的子孙及其他地方势力不再叛乱。

可见，当某人对你的生活、工作造成困扰时，你不必无谓地消耗精力（时间、人力、物力）与对方硬碰硬，不妨恩威并施，巧妙解决问题。比如，帮助同事缓解尴尬、攻克项目；对下属给予物质奖励；组织团建、促进关系破冰；严惩碰触管理红线的员工，杀一儆百；对不服从管理的员工严格要求、委以重任、施加压力。恩威对症，一击即中，减少无谓的消耗，让对方对你有敬畏心，避免其扰乱你的生活或工作。

古之善将者有四：示之以进退，故人知禁；诱之以仁义，故人知礼；重之以是非，故人知劝；决之以赏罚，故人知信。禁、礼、劝、信，师之大经也。（诸葛亮将苑·善将）

出师一表真名世

经过几年的辛苦经营，蜀汉实力渐渐恢复，孙刘破冰，南方叛乱平定，又逢曹丕去世、曹魏政权不稳，时机成熟，诸葛亮开始筹谋北伐。

诸葛亮身为后主刘禅的相父，对刘禅加以悉心教导和辅佐。在正式北伐之前，几乎做足了所有准备工作，诸葛亮仍然不放心，于是又专门撰文上表刘禅，向刘禅谏言应赏罚分明，如果遇到宫中之事宜多问郭攸之、费祎、董允等大臣；如果遇到营中之事宜多问向宠，务必亲贤臣、远小人。

诸葛亮像当年为刘备分析三分天下一样，为刘禅分析北伐的必要性，表明北伐的决心和对蜀汉的忠心，这些呕心沥血的谏言凝聚成诸葛亮的千古名篇《出师表》：

先帝创业未半而中道崩殂，今天下三分，益州疲弊，此诚危急存亡之秋也。然侍卫之臣不懈于内，忠志之士忘身于外者，盖追先帝之殊遇，欲报之于陛下也。诚宜开张圣听，以光先帝遗德，恢弘志士之气，不宜妄自菲薄，引喻失义，以塞忠谏之路也。

宫中府中，俱为一体，陟罚臧否，不宜异同。若有作奸犯科及为忠善者，宜付有司论其刑赏，以昭陛下平明之理，不宜偏私，使内外异法也。

侍中、侍郎郭攸之、费祎、董允等，此皆良实，志虑忠纯，是以先帝简拔以遗陛下。愚以为宫中之事，事无大小，悉以咨之，然后施行，必能裨补阙漏，有所广益。

将军向宠，性行淑均，晓畅军事，试用于昔日，先帝称之曰能，是以众议举宠为督。愚以为营中之事，悉以咨之，必能使行阵和睦，优劣得所。

亲贤臣，远小人，此先汉所以兴隆也；亲小人，远贤臣，此后汉所以倾颓也。先帝在时，每与臣论此事，未尝不叹息痛恨于桓、灵也。侍中、尚书、长史、参军，此悉贞良死节之臣，愿陛下亲之信之，则汉室之隆，可计日而待也。

臣本布衣，躬耕于南阳，苟全性命于乱世，不求闻达于诸侯。先帝不以臣卑鄙，猥自枉屈，三顾臣于草庐之中，咨臣以当世之事，由是感激，遂许先帝以驱驰。后值倾覆，受任于败军之际，奉命于危难之间，尔来二十有一年矣。

先帝知臣谨慎，故临崩寄臣以大事也。受命以来，夙夜忧叹，恐托付不效，以伤先帝之明，故五月渡泸，深入不毛。今南方已定，兵甲已足，当奖率三军，北定中原，庶竭驽钝，攘除奸凶，兴复汉室，还于旧都。此臣所以报先帝而忠陛下之职分也。至于斟酌损益，进尽忠言，则攸之、祎、允之任也。

愿陛下托臣以讨贼兴复之效，不效，则治臣之罪，以告先帝之灵。若无兴德之言，则责攸之、祎、允等之慢，以彰其咎；陛下亦宜自谋，以咨诹善道，察纳雅言，深追先帝遗诏，臣不胜受恩感激。今当远离，临表涕零，不知所言。

准备粮草、安抚盟友、消除后患、叮嘱后主，做完这些之后，诸葛亮亲自率军北上。

从《出师表》中诸葛亮的自述心志可以看出，诸葛亮决定北伐，其原因是多元的，最重要的一个原因是报刘备的知遇之恩，完成刘备收复中原、恢复汉室的遗愿。

《出师表》语言朴实简练，是诸葛亮的请奏之言，更是诸葛亮的肺腑之言。

战事对国家民力、财力是巨大的消耗，蜀汉第一次北伐失败后，有不少人提出了反对意见，诸葛亮北伐的压力更大。

卧龙军师诸葛亮:
大事起于难,小事起于易

成都武侯祠《出师表》碑刻(局部)

第六章　**南征北伐：**
深谋远虑，尽人事听天命

诸葛亮认为，如果不北伐，蜀汉面临的将是亡国的命运，再次上表刘禅，作《后出师表》进一步阐述了北伐的必要性：

先帝虑汉、贼不两立，王业不偏安，故托臣以讨贼也。以先帝之明，量臣之才，故知臣伐贼，才弱敌强也。然不伐贼，王业亦亡；惟坐而待亡，孰与伐之？是故托臣而弗疑也。

臣受命之日，寝不安席，食不甘味，思惟北征。宜先入南。故五月渡泸，深入不毛，并日而食。臣非不自惜也，顾王业不可得偏安于蜀都。故冒危难，以奉先帝之遗意也，而议者谓为非计。今贼适疲于西，又务于东，兵法乘劳：此进趋之时也。谨陈其事如左：

高帝明并日月，谋臣渊深，然涉险被创，危然后安；今陛下未及高帝，谋臣不如良、平，而欲以长策取胜，坐定天下，此臣之未解一也。

刘繇、王朗，各据州郡，论安言计，动引圣人，群疑满腹，众难塞胸，今岁不战，明年不征，使孙策坐大，遂并江东。此臣之未解二也。

曹操智计，殊绝于人，其用兵也，仿佛孙、吴，然困于南阳，险于乌巢，危于祁连，逼于黎阳，几败北山，殆死潼关，然后伪定一时耳。况臣才弱，而欲以不危而定之。此臣之未解三也。

曹操五攻昌霸不下，四越巢湖不成，任用李服而李服图之，委任夏侯而夏侯败亡，先帝每称操为能，犹有此失；况臣驽下，何能必胜？此臣之未解四也。

自臣到汉中，中间期年耳，然丧赵云、阳群、马玉、阎芝、丁立、白寿、刘郃、邓铜等及曲长、屯将七十余人，突将、无前、賨叟、青羌、散骑、武骑一千余人。此皆数十年之内所纠合四方之精锐，非一州之所有；若复数年，则损三分之二也，当何以图敌？此臣之未解五也。

今民穷兵疲，而事不可息，事不可息，则住与行劳费正等；而不及今图之，欲以一州之地，与贼持久，此臣之未解六也。

夫难平者，事也。昔先帝败军于楚，当此之时，曹操拊手，谓天下已定。然后先帝东连吴越，西取巴蜀，举兵北征，夏侯授首，此操之失计，而汉事将成也。然后吴更违盟，关羽毁败，秭归蹉跌，曹丕称帝。凡事如是，难可逆见。臣鞠躬尽瘁，死而后已。至于成败利钝，非臣之明所能逆睹也。

诸葛亮的《出师表》和《后出师表》一字一句尽显忠贞壮烈。对于先帝遗命，对于蜀汉发展，诸葛亮鞠躬尽瘁，死而后已。诸葛亮的每一项决策都不是随意提出的，他凡事思前想后，做足准备，尽人事、听天命，无愧于心。陆游写诗赞诸葛亮："出师一表真名世，千载谁堪伯仲间！"

身处舒适圈，应居安思危

如果诸葛亮不北伐，蜀汉偏安一隅发展经济会灭亡吗？会。蜀汉富足，曹魏、东吴一定不会坐视不理，必然有一方或都来抢夺这个富庶之国，所以尽管蜀汉在三国中最弱，但是必须北伐。

诸葛亮北伐不仅是为了完成刘备兴复汉室的遗愿，也是为蜀汉未来的发展考虑。这正是远虑者安，无虑者危的启示。

古往今来，真正有远见的人总能勇敢地跳出舒适圈，不断地向高处攀登。而国家的存亡更是如此，想要守住目前的安定与强大，就要居安思危。

表面的安定与繁华，很容易蒙蔽人的双眼，如不居安思危，迟早会落入腹背受敌的境地。历史上大唐盛世因安史之乱走向凋零衰落的故事便给予我们深思。唐开元末年，长安城内，杨贵妃一家权倾天下，过着奢靡荒淫的生活；长安城外，安禄山、史思明的反叛之心，分明已经昭然若揭，然而，身在舒适圈的唐朝统治者却对此视而不见，继续寻欢作乐，直至安史之乱最终爆发，酿成天下大乱的惨剧。盛极一时的大唐尚且如此，何况偏居一隅，周围危机四伏且国力与资源皆远不及大唐的蜀汉呢！

在竞争激烈的现代社会，个人亦不能被舒适圈所禁锢，如果一直沉溺于表面安逸的生活，当危机突降时定会无力招架，坐以待毙。因此，任何人在任何时候，都不能只待在"舒适圈"，要有居安思危的意识和进取的精神。同时，要不断丰富和提升自己，增强自身的竞争力，让自己立于不败之地。

坐以待毙，不如主动出击

诸葛亮对天下大势向来有比较清醒的判断，三分天下只是一时之势，如果必然要战，与其坐以待毙，不如主动出击。

无论是战场，还是商场，都要学会分析利弊，如果必须和竞争对手正面交锋，与其被动等待，不如主动出击，先发制人来赢得先机和主动权。比如，某家餐厅的老板在接手这家餐厅的时候，餐厅生意很是惨淡。面对困境，该老板认为，与其坐以待毙，不如主动出击，于是他积极寻找客户不愿意进入餐厅就餐的原因，同时深入研究竞争对手的优势，根据收集到的信息更换餐厅装修风格并在菜品特色上下了很大一番功夫，在他的主动出击下，餐厅"起死回生"，销售额与日俱增。

可见，主动出击迎接挑战、积极寻找新的解决方案，才能摆脱困境，获得成功。

是以理纲则纪张,理令则罚行,理近则远安,理内则外端,理本则末通,理强则弱伸,理大则小行,理上则下正,理身则人敬,此乃治国之道也。(诸葛亮便宜十六策·治乱)

马谡失街亭带来的启示

蜀汉建兴六年（228年），诸葛亮亲自率军北上，轰轰烈烈的北伐正式开始。

据《三国志》记载："六年春，扬声由斜谷道取郿，使赵云、邓芝为疑军，据箕谷，魏大将军曹真举众拒之。亮身率诸军攻祁山。"军队出发前，诸葛亮照例制订了作战计划，先放出消息称从斜谷道去攻打郿城，再让赵云带兵占据箕谷佯攻，吸引魏国大将军曹真的主力部队，诸葛亮自己则进军祁山。

作战之初，蜀军准备详尽，作战顺利。魏军毫无防备，突然遭遇袭击，接连失去南安、天水和安定三郡，姜维、梁绪、尹赏、上官雝等人也悉数向诸葛亮投降。

前方战事吃紧，魏明帝曹睿亲自率兵救援，并派大将张郃攻取蜀军的咽喉之地街亭。诸葛亮选用马谡驻守街亭。

街亭是非常重要的战略据点，诸葛亮北伐所需物资大都需要经此地输送，一旦失守，就只能退守汉中，将在战局上处于被动地位。

据《三国演义》记载，诸葛亮制订作战计划时，他的心腹爱将马谡自荐去守街亭重地，诸葛亮嘱咐马谡"街亭虽小，干系甚重"，马谡随即立下军令状。诸葛亮仍不放心，命王平协助马谡，嘱咐马谡和王平要"小心谨守此地，下寨必当要道之处，使贼兵急切不能偷过""凡事商议停当而行，不可轻易"。但马谡年轻气盛，自大轻敌，既不遵循诸葛亮的部署，也不听从王平的劝告，执意效仿韩信居高临下的用兵计策，将军营驻扎在山上，结果被魏军团团包围，街亭失守。

街亭的失守不仅使马谡所带军队几乎全军覆没，也给后续去救援的军队造成了重创，使蜀汉北伐大军陷于被动境地。诸葛亮为严肃军纪，挥泪斩马谡，以儆效尤。

另据《三国志·蜀书·向朗传》中记载："朗素与谡善，谡逃亡"，以及《三国志·蜀书·马谡传》中"谡为郃所破，士卒离散……谡下狱物故"的记载，有人认为，马谡在街亭失守后，并没有亲自到诸葛亮的营帐前请罪，而是逃走了，在逃跑途中被抓捕，死在狱中。

不过，《三国志·蜀书·诸葛亮传》有这样一句话："戮谡以谢众",似乎印证了诸葛亮斩马谡的说法,但具体是"下令斩马谡"还是"当面斩杀马谡"不得而知。

无论马谡死因如何,马谡失守街亭是既定事实。

马谡失守街亭,赵云在褒斜道也出兵不利,被曹真打退,如此,汉军败退。

在《三国演义》中,马谡街亭失守,司马懿率领十五万大军继续追击蜀军,诸葛亮只能安排将物资紧急运往汉中,军队也分批撤出,北伐大计只能从长计议。但是没想到司马懿的军队来得如此之快,诸葛亮将武将全部派出后,司马懿径直向只剩下两千多老弱病残的西城县杀来。

诸葛亮沉着分析当时的处境:正面对抗无异于以卵击石,必然全军覆没;如果弃城而走,过不了多久就会被司马懿大军追上被擒。在万不得已的情况之下,诸葛亮上演了一出被人们奉为美谈的"空城计"。诸葛亮命令士兵大开城门,放倒旌旗,派一些百姓在城门前行走,一如往常,自己则在城楼上从容自若地抚琴。

城楼之下的司马懿对此十分不解,他一时搞不清诸葛亮到底在搞什么名堂,但他听诸葛亮的琴声丝毫不乱,断定诸葛亮一定是成竹在胸,在城中埋伏了精兵等自己中计,于是不敢贸然进攻,反倒领兵而退。

诸葛亮看到司马懿退兵,不敢迟疑,赶快组织兵士和百姓一起前往汉中。诸葛亮正是准确把握了司马懿的性格特点和心理活动，为蜀军争取了宝贵的撤退时间。

然而，街亭的失守对于蜀汉北伐产生了极其严重的负面影响，蜀汉军队丧失了有利形势，出师不利，没有取得预期的效果，第一次北伐以失败告终。

诸葛亮不得不退守汉中，寻找时机。等到时机成熟，各种准备工作比较充分的时候，才能重新开始北伐大业。

马谡

（190—228年），字幼常，襄阳宜城（今湖北省宜城市）人。其才华出众，谈吐不凡，深受诸葛亮青睐。建兴六年（228年），诸葛亮从祁山出兵伐魏，他对马谡寄予厚望，于是不顾众人反对任命马谡为蜀军前锋。谁料马谡指挥失误，被魏国名将张郃击败，街亭也被魏军占领。北伐因此失败，而马谡也因自大付出生命的代价。

人才管理，要知人善任

在守街亭之前，马谡一直跟在诸葛亮身边充当军事参谋的角色，诸葛亮经常与马谡商讨决策，十分看好马谡。不过，刘备认为马谡只会讲空话，称马谡"言过其实，不可大用"，对此，诸葛亮并没有太过放在心上。

马谡熟读兵法，但缺乏实战经验，首次带兵与士兵的配合度与默契度也不够，这是诸葛亮考虑不周的地方，马谡失街亭，与诸葛亮人才管理的失误有较大关系。

现代人才管理中，管理者应对具体人才的类型、特长、技能等有充分的了解，做到知人善任，避免对人才的能力有过高的预判导致用人不当，从而造成严重损失。

团队管理，纪律大于人情

马谡失街亭，其过失所造成的后果很严重，杀与不杀的最终决策权在诸葛亮手中，且蜀汉正是用人之时，斩杀大将对蜀汉亦是重大损失。但《三国演义》中的诸葛亮"挥泪斩马谡"，是综合考虑严明军法，安抚军心、民心，以及维护领导权威、稳固政权等因素之后做出的决定，诸葛亮即使再看好马谡，也不能徇私，马谡非斩不可。

在团队管理中，团队的利益要大于个人利益、个人情感。作为领导者，如果下属有重大失误，必要时，应该坚决遵守团队管理制度，像诸葛亮一样，不包庇、不纵容，忍痛割爱，如此才能树立威信，严明组织纪律，提高团队执行力。

自大轻敌，骄兵必败

这一点是从马谡的角度来说的。

马谡自幼熟读兵法，每每讨论用兵策略总能有理有据，但是在驻守街亭时对兵法生搬硬套，只考虑居高临下，而不考虑山上缺少水源等问题；只考虑置之死地而后生，而不考虑将士对自己的信任和忠诚度不够的问题。再加上马谡盲目自大，贪功轻敌，最终导致街亭失守。

现实中，无论是在生活中还是工作中，都不要自以为是、刚愎自用，任何时候都要谨慎思考、认真对待，才能避免受挫。

提前布局，培养继任者

诸葛亮的第一次北伐出师不利，但并非毫无收获，在与曹魏对战过程中收降姜维、梁虔、梁绪三人。其中，姜维年少英勇，有勇有谋，后被诸葛亮重用，被认为是诸葛亮的继任者。

《三国演义》中对姜维的出场有特别出彩的描述，称姜维为一员少年将军，其挺枪跃马与赵云大战几个回合，不仅没有被赵云压制住，反而越战越勇，精神倍长。

诸葛亮听身边人称姜维文武双全、智勇足备，又听赵云夸赞姜维的枪法，对姜维十分感兴趣。

诸葛亮带兵进军天水郡，见识到了姜维排兵布阵的本领，认为姜维是真将才，有意收服姜维。

诸葛亮派人打听姜维的消息，知道姜维为人忠孝，于是佯攻姜维母亲所住的冀县（今甘肃省天水市甘谷县，下同），姜维请兵回冀县救母，在城中避而不出。诸葛亮一边派人围困姜维，一边让命人假扮姜维夜攻天水郡。

姜维因所在冀县被攻破，于是逃到天水郡，但天水郡将士却误认为姜维早已投降，不肯让姜维进城，姜维再逃，被诸葛亮的军队团团包围，走投无路，向诸葛亮投降。

诸葛亮对姜维能归降蜀汉一事感到非常高兴，诸葛亮称，自己从出茅庐以来就遍求贤明之士，如今能遇到姜维终于能了却心愿。诸葛亮对姜维说愿意向姜维传授自己的毕生所学，姜维也十分感激诸葛亮的知遇之恩，此后，姜维便一直跟随诸葛亮，不曾有过二心。

在诸葛亮死后，姜维继承诸葛亮的遗志，继续率领蜀汉军队北伐曹魏，即使在刘禅投降曹魏后，姜维也仍想寻找机会反抗曹魏、恢复汉室，但最终兵败被杀，以身殉国。

优秀的人才应具备较强的综合素质

诸葛亮一生遇到过很多人才，最终选择姜维作为继任者，在很大程度上是因为姜维的综合能力较强，如武艺超群、足智多谋、有忠孝之心、懂得感恩，且比较年轻，正是这些"硬性指标"才让诸葛亮选择和重用姜维。

要想像诸葛亮一样，选到优秀的人才，就必须考察其综合素质，比如学历背景、扎实的专业技能、丰富的知识面、缜密的逻辑思维能力、突出的口头表达能力、创新思维及好的品德，等等，并且没有明显短板。

要想像姜维一样被看重和提拔，就要努力学习，不断强化自己各方面的能力，提高自身的综合素质，并始终保持对事业的热情与投入。

领导的高度决定人才的高度

姜维跟随诸葛亮北伐，逐渐崭露头角，成为军中的重要将领，如果诸葛亮没有病逝五丈原，想必姜维必定有大的建树。诸葛亮死后，蜀汉衰落、刘禅投降，姜维虽有心恢复汉室，但终究无力回天，最终被杀。

在现代社会，个人的事业建树往往和自己的领导有很大的关系。如果能选择一个专业素养高、社会人脉广的领导，个人的职业发展必将会有更好的前景。可见，个人的发展高度与引领者有莫大关系，所以要慎重选择引领者。

同时，若身为领导，也要努力提升个人技能、素养，加强自我领导力，这样才能吸引优秀人才的加盟。

第七章 ▼

鞠躬尽瘁：智者不惑，莫以成败论英雄

北伐途中，蜀汉屡败屡战。后诸葛亮因积劳成疾，病逝五丈原。一代军师，智慧传世，千古流芳。

诸葛亮亲自率军北伐,六出祁山,虽屡败屡战,却始终不曾放弃北定中原、光复汉室的宏愿。只是,大业未成,诸葛亮便带着遗憾病逝五丈原。

屡败屡战

为了完成先帝的遗愿，也为了蜀汉的存续，诸葛亮毅然决然地坚持北伐，虽然消耗巨大，过程艰难，但诸葛亮知道，北伐这条路必须走下去。

蜀汉建兴六年（228年）至蜀汉建兴十二年（234年），诸葛亮亲自率军北伐曹魏。关于北伐具体次数存在多种说法，《三国演义》中描述诸葛亮出祁山北伐共六次；京剧艺术中有"六出祁山"的唱段；史学家认为，历史上的诸葛亮真正北伐曹魏的次数是五次，本书比较认同最后一种说法。

第一次北伐：

蜀汉建兴六年（228年）春，诸葛亮亲自率军北上，在曹魏毫无防备的情况下大举进军。作战之初，诸葛亮顺利获取曹魏的南安、天水和安定三郡。

虽然首战告捷，但赵云在褒斜道被曹真打退，马谡失守街亭，蜀军原有的有利形势急转直下，蜀军遭受重创。

最终，蜀汉失利，诸葛亮退兵，退兵时"拔西县千余家，还于汉中。"（《三国志·诸葛亮传》）

经此一战，王平因极力劝谏马谡和有序退守而得到提拔，马谡被斩，赵云被贬，诸葛亮自贬三等。

第二次北伐：

蜀汉建兴六年（228年）冬，曹军被东吴牵制，在东部战场失利，诸葛亮趁机出兵陈仓道，包围陈仓。

驻守陈仓的曹军将领郝昭颇有谋略，连续成功防守诸葛亮的几次进攻。诸葛亮架云梯，郝昭射火箭、扔石磨；诸葛亮填护城河，攀城，郝昭建内墙；诸葛亮挖地道，郝昭挖壕沟挡下地道。双方数次交手，互不相让。

陈仓久攻不下，又逢曹真、张郃带兵前来支援陈仓，再加上蜀汉粮草不继，诸葛亮率军退回汉中。

诸葛亮退兵时，遭曹军追击，诱斩曹军将领王双。

第三次北伐：

蜀汉建兴七年（229年）春，诸葛亮派陈式（一说陈戒）攻占武都、阴平二郡，自己则驻守建威牵制曹军。

次年七月，曹魏转守为攻，曹真、司马懿、张郃兵分三路，直指汉中，诸葛亮命李严、李丰父子二人分别正面阻击和防守后方。

蜀地艰险，曹魏久攻疲乏、受诏撤退，汉中得安。

第四次北伐：

蜀汉建兴九年（231年）春，曹魏雍凉地区久旱，诸葛亮趁机北伐，包围祁山堡，屯兵卤城。

司马懿率军到上邽防守，诸葛亮命王平继续围攻祁山堡，自己则领兵进军上邽破坏曹魏的麦田。

司马懿奔赴上邽守护麦田，无奈麦田已破坏严重，只得从关中运粮，只守不出。

诸葛亮远袭上邽，因粮草不继，退守卤城，并撤出对祁山堡的围困，司马懿趁机分兵攻打驻守在卤城南、北的王平和诸葛亮，但进攻不成，反遭大败。

此次北伐中，诸葛亮和司马懿皆受粮草之困，《三国演义》中讲到诸葛亮造木牛流马来运粮，并截获曹魏一部分粮草，但粮草终究有限，不能满足长途远袭的需求，是年夏天，蜀军粮草不继，诸葛亮引军退回。

此次作战，张郃在追击诸葛亮时中箭病逝，李严因押运粮草

卧龙军师诸葛亮:
大事起于难,小事起于易

诸葛亮出入祁山的古址

延误时日被贬为庶人。

第五次北伐：

蜀汉建兴十二年（234年）春，在休养生息三年之后，诸葛亮率军出兵郿县（今属陕西），至渭河南岸的五丈原安营扎寨。

司马懿率军背水筑营，与蜀军对峙。

诸葛亮前几次北伐，多受粮草短缺之苦，此次北伐至渭河边，屯田生产，以备不时之需。

诸葛亮多次派人挑战司马懿，甚至派人给司马懿送了一套女人的衣服，想要引诱司马懿出兵。

司马懿则意图消耗诸葛亮的粮草，希望诸葛亮粮草消耗殆尽后自行退兵，同时，司马懿还打听到诸葛亮身患重病，似乎命不久矣，因此更加坚信采取以防守为主的作战策略是对的，故而始终坚守不出。

蜀、魏双方对峙百余日，虽曾有几次交战，但更多的时候是双方僵持，并不对战。

在与司马懿持续的僵持中，诸葛亮积劳成疾，身体难以为继，最终，诸葛亮病逝五丈原，蜀军退兵。

奋勇向前，坚持不懈

以诸葛亮的智慧，应该是知道北伐统一中原的战略是无力完成的，但诸葛亮依然选择了屡败屡战。

蜀汉的数次北伐战果并不理想，但这并不妨碍人们从诸葛亮身上学习到奋勇向前、坚持不懈的精神。

结果重要，过程更为重要

在诸葛亮的主张下，蜀汉数次北伐曹魏，但都没有取得预期的效果。

北伐成功自然好，失败也并非徒劳，而是利大于弊，这是诸葛亮对蜀国更加长远的打算。

北伐可安抚民心，尽管屡次失败，但北伐确立了蜀汉的正统地位，为蜀国树立了威望。北伐是主动出击，避免了被动挨打，也成功转移了当时蜀国内部的政权矛盾。

屡次北伐，蜀人和后人见证了诸葛亮不肯放弃理想、不懈追求成功的决心，其忠诚和坚持不懈万世流芳。北伐对于光复汉室具有重要意义，即便是屡次失败，影响也是积极的。

所以，凡事不要只追求结果，也要看重过程，尽心、尽力，过程也会极其美丽。

第七章 **鞠躬尽瘁：**
智者不惑，莫以成败论英雄

《诫子书》中的
教育智慧

相传诸葛亮的一生育有三子一女，共四个孩子：儿子诸葛乔、诸葛瞻、诸葛怀，女儿诸葛果。其中，以诸葛乔、诸葛瞻最为人们熟知。

诸葛乔，原为诸葛亮的哥哥诸葛瑾的次子，后过继给诸葛亮成为诸葛亮的养子。诸葛亮对诸葛乔视如己出，十分重视对诸葛乔的培养。

诸葛亮并不娇生惯养诸葛乔，而是让诸葛乔和其他将领的孩子们一样，去从军并尝试执行各种军务，目的是磨炼诸葛乔的意志，锻炼诸葛乔的能力。对于这样的安排，诸葛亮还专门写信告诉哥哥诸葛瑾：

乔本当还成都，今诸将子弟皆得传运思惟，宜同荣辱。今使乔督五六百兵，与诸子弟传于谷中。

——《三国志·诸葛亮传》

诸葛瞻是诸葛亮年近五十的老来子，因此深受诸葛亮的喜爱。诸葛亮称："瞻今已八岁，聪慧可爱，嫌其早成，恐不为重器耳。"诸葛亮肯定诸葛瞻的优点，但也并不盲目夸赞诸葛瞻，而是担心诸葛瞻早成。

诸葛亮并不希望诸葛瞻过早成人，或许是担心诸葛瞻像自己一样背负太多责任而殚精竭虑，诸葛亮希望儿子能够轻松愉快地成长。

诸葛亮病入膏肓时，诸葛瞻尚年幼，诸葛亮作《诫子书》，希望孩子淡泊明志、宁静致远：

夫君子之行，静以修身，俭以养德。非淡泊无以明志，非宁静无以致远。夫学须静也，才须学也。非学无以广才，非志无以成学。淫慢则不能励精，险躁则不能治性。年与时驰，意与日去，遂成枯落，多不接世。悲守穷庐，将复何及！

诸葛亮一生才华横溢，但内心始终淡泊宁静，因此也鼓励孩子放平心态，踏实做学问、踏实做事。

诸葛亮教子有方，诸葛家世代都是忠君爱国的忠义之士。在诸葛亮去世后多年，魏国大将邓艾偷渡阴平，攻占了江油、涪城，成都近在咫尺。在国家危亡之际，诸葛亮之子诸葛瞻向后主刘禅请兵抵御魏军。诸葛瞻之子诸葛尚见父亲为国征战，当即请求与父亲共赴国难。在魏军即将城破的那一刻，父子二人分别策马冲杀，斩敌无数，但最终力竭身死，壮烈殉国。

诸葛乔

（204—228年），字伯松，本字仲慎。本是诸葛瑾次子，后被过继给诸葛亮。诸葛亮对待诸葛乔与亲生儿子无异，为了磨炼其意志，诸葛亮曾让诸葛乔与普通士兵一起押送军粮。后诸葛乔曾在蜀国担任驸马都尉等职位。建兴六年（228年），年轻的诸葛乔不幸去世，诸葛亮痛心不已。

学习需静心，要耐得住寂寞

诸葛亮在《诫子书》中说："夫学须静也，才须学也。非学无以广才，非志无以成学。"大意是，学习时应该静心、专一，只有勤奋学习，才能有才干，而如果没有坚定的意志，学习是不会成功的。

一个人在学习时应心无旁骛，摒弃外界的各种干扰，将全部注意力集中在当下的学习上。唯有静心，才能专心。耐得住寂寞、抵得住诱惑，才能学有所成。

内心丰盈，积极向上

诸葛亮指出，"淫慢则不能励精，险躁则不能治性。年与时驰，意与日去，遂成枯落，多不接世。"简单概括来说就是，一个人，如果放荡、消极、草率、急躁，那么就不会有良好的精神状态，也不会有高尚的品德，这样就会碌碌无为、虚度年华，于个人成长无益，于社会也无益。

现实生活中的大多数人，每天都面临着各种压力，如提升教育水平、积累家庭财富、拓展社会关系，等等。面对各种压力，不要消极自弃，要心态平稳，修身养性，只要内心丰盈、积极向上、不断努力，就一定会比现在的自己更好。

尊重孩子，静待花开

诸葛亮对后代的教育态度是非常平和的，他不希望孩子早成而背负过多的压力。

现代社会，生活节奏快，每个父母都望子成龙、望女成凤。为了让孩子赢在起跑线上，许多父母让孩子背负了过多的课业负担，日常言行中多有急躁、焦虑、内卷的表现，给自己和孩子都造成了较大的心理压力。

面对孩子的成长，应遵循孩子的成长规律。每一个孩子都是一株花，不同的花开放时节不同、花期不同，切勿急功近利，应静待花开。

贵之而不骄,委之而不专,扶之而不隐,免之而不惧。故良将之动也,犹璧之不污。

(诸葛亮《兵要》)

卧龙军师，千古流芳

纵观诸葛亮的一生，其幼年时颠沛流离，青年时期躬耕南阳，日常好学，凡事多思。之后，得刘备知遇之恩，出茅庐，分天下，为蜀汉大业鞠躬尽瘁一生。

其实，在最后一次北伐前，诸葛亮的身体已经大不如前了，也正因此，诸葛亮才迫切地想要找司马懿应战，以尽早为蜀汉奠定一番基业。

诸葛亮给司马懿送去妇人的衣衫，写信激司马懿应战，可惜的是，司马懿并不上当。

司马懿接到诸葛亮送来的衣衫和信后，并不嗔怒，反倒问诸葛亮平时睡得好不好，吃得怎么样，工作累不累。关于此事，《三国演义》中这样记载：

卧龙军师诸葛亮：
大事起于难，小事起于易

成都武侯祠

懿问曰："孔明寝食及事之烦简若何？"使者曰："丞相夙兴夜寐，罚二十以上皆亲览焉，所啖之食，日不过数升。"

懿顾谓诸将曰："孔明食少事烦，其能久乎？"

诸葛亮是认可司马懿的判断的，他在谈及司马懿时说"彼深知我也"！

诸葛亮竭忠尽力，谨记收复中原的使命，积劳成疾，知道自己时日不多，便让各将领来到榻前，一一吩咐。

诸葛亮将汇集毕生所学的《兵法二十四篇》传于姜维，又教授姜维连弩的制作和使用方法。

诸葛亮交代马岱，自己死后，魏延必反，可假装依附，再伺机杀掉魏延。

诸葛亮给了杨仪一个锦囊，告诉杨仪，如果魏延反叛，日后与魏延对阵时可打开锦囊依计行事。诸葛亮还吩咐杨仪要重用王平、廖化等忠义之士。同时，诸葛亮又嘱咐杨仪，自己死后先不发丧，大军缓缓撤退，以免司马懿借机攻打，可用自己的人像木雕吓退司马懿。

安排好军中事务后，诸葛亮手书遗表，劝谏后主刘禅要清心寡欲，爱戴百姓。

诸葛亮对蜀汉的忠诚之心，天地可鉴。

诸葛亮坐在战车上，在众将领的簇拥下，最后一次巡视营寨。夜黑风寒，诸葛亮很快就卧榻不起，时而昏迷，时而清醒。

诸葛亮知道自己大限将至，但他吊着一口气等一个人的到来，这个人便是李福。

李福奉刘禅之命急赴营地，问诸葛亮后继者为谁？诸葛亮回复蒋琬可任大事；李福又问，再后继者为谁？诸葛亮回复费祎可继任；李福再问，再后继者为谁？诸葛亮闭眼不答。众人近看，诸葛亮已薨。

蜀汉建兴十二年（234年）八月，诸葛亮带着没有收复中原的遗憾，病逝五丈原，享年五十四岁。

卧龙军师诸葛亮最终星落五丈原，在历史的长河中画上了人生的句号，但其殚精竭虑的忠诚、治国用兵的谋略、为人处世的智慧，永远为世人称道。

司马懿

（179—251年），字仲达，河内郡温县孝敬里（今河南省温县）人。三国时期魏国重臣，中国历史上杰出的政治家、军事家。东汉末年辅佐曹操，后扶持曹操之子曹丕登上帝位。司马懿上位后，司马家族逐渐掌控曹魏大权，他的孙子司马炎创建西晋王朝。

抓大放小，善于授权

诸葛亮忧思多虑、事必躬亲，以致身心交瘁、积劳成疾，这是其英年早逝的重要原因之一。

诸葛亮是一个有谋略的治世能臣，但似乎并不是一个善于放权的管理者。诸葛亮在管理地方和军队时，"罚二十以上皆亲览"，事无巨细，这样的领导实在太累了。

在团队管理中，最理想的管理方式是，管得少又管得好。管理者应把握大方向，明确权、责、利，掌握好抓权与放权的平衡，使员工在工作中能积极、主动、灵活地处理问题。

莫以成败论英雄

诸葛亮多次北伐，却始终未能收复中原，没有完成刘备的嘱托。诸葛亮逝后，蜀汉大势已去，很快被曹魏所灭。

从出师未捷和蜀汉灭亡的情况来看，诸葛亮并非传统意义上的成功者，但诸葛亮又确实是令无数人崇拜的英雄。

诸葛亮三分天下的谋略，高超的治国之策，不拘一格的用人之道，深谋远虑的用兵如神，等等，都留给后人无数启发。

在不同人的心中，诸葛亮的形象各不相同，这个形象或许源自对史实的考证，或许源自对小说、戏曲演绎的理解，但无论哪种形象，诸葛亮的智慧总能给人以启发。

人的一生不可能一帆风顺，要学会用整体的、动态的眼光去看待人、事、物，大可不必拘泥于一时的成败。成功，不必骄傲自大；失败，不必妄自菲薄。祸福相依，得失相伴。

莫以成败论英雄，对人对己都是如此。在商场上，不要因为竞争对手一时的失败就骄傲自满，而是要对对方始终保持尊重、敬意和警惕；在职场上，不要因下属偶然的失误就全盘否定对方的努力，认定下属"根本办不好事情"，而是要帮助下属找出犯错的原因，鼓励其再接再厉；当自己遭遇失败时，也不要过分在意，很多时候，过程往往比结果更重要，与其纠结于不如意的结果，不如尽情享受每一个努力和坚持的当下。

凡事只要全力以赴、奋发向前，就无愧于心，所以，又何必以成败论英雄呢？

第七章 **鞠躬尽瘁：**
智者不惑，莫以成败论英雄

武侯祠静远堂

古之善理者不师,善师者不陈,善陈者不战,善战者不败,善败者不亡。(诸葛亮将苑·不陈)

诸葛亮大事年表

汉光和四年（181年）：诸葛亮出生，汉献帝刘协出生。

汉光和五年至六年（182—183年）：诸葛亮的生母章氏去世。

汉中平五年（188年）：诸葛亮的父亲诸葛珪去世，叔父诸葛玄收养照顾诸葛亮及其兄弟姐妹。

汉兴平二年（195年）：诸葛亮的叔父诸葛玄任豫章太守，诸葛亮姐弟随诸葛玄赴豫章。

汉建安二年（197年）：诸葛玄带着诸葛亮等幼小移居荆州，投奔荆州刘表，不久，诸葛玄病故，诸葛亮隐居隆中。

汉建安六年（201年）：刘备投奔荆州刘表。

汉建安九年（204年）：诸葛亮的哥哥诸葛瑾得次子诸葛乔，后来诸葛亮收诸葛乔为养子。

汉建安十年至十一年（205—206年）：诸葛亮在隆中结交司马徽、庞德公等名士，结交石广元、徐庶等好友，迎娶名士黄承彦的女儿为妻；诸葛瑾避乱江东，辅佐孙权。

汉建安十二年（207年）：刘备三顾茅庐，诸葛亮论述《隆中对》；刘禅出生。

汉建安十三年（208年）：曹操南下，刘表病死；诸葛亮出使东吴，舌战群儒，联吴抗曹；诸葛亮施妙计"草船借箭"，孙刘联盟在赤壁之战中大败曹操。诸葛亮任军师中郎将。

汉建安十四年（209年）：刘备迎娶孙权的妹妹孙尚香。

汉建安十五年（210年）：周瑜去世；刘备向孙权借南郡；庞统在吴地不得志，受鲁肃、诸葛亮的举荐，出仕刘备。

汉建安十六年（211年）：刘备受刘璋所邀，携庞统、魏延等人入蜀；诸葛亮、关羽、张飞、赵云镇守荆州。

汉建安十八年（213年）：刘备与刘璋开战。

汉建安十九年（214年）：庞统战死；诸葛亮与张飞、赵云入蜀与刘备会合；关羽留守荆州；刘璋降，刘备自领益州牧。

汉建安二十年（215年）：诸葛亮治蜀，调和政权内部人员的各种矛盾；刘备、孙权争荆州。

汉建安二十一年（216年）：曹操封魏王。

汉建安二十二年（217年）：孙权请降曹操。

汉建安二十三年（218年）：刘备与曹操争汉中，诸葛亮留守成都，准备军需。

汉建安二十四年（219年）：刘备占领汉中，称汉中王；诸葛亮与法正、刘巴、李严、伊籍一起合作制定蜀汉法律《蜀科》；关羽北伐，东吴背后偷袭，孙权占领荆州。

汉建安二十五年（220年）：关羽兵败被东吴杀害。曹操病亡，曹丕篡汉称帝，国号"魏"，史称曹魏，汉献帝刘协退位，东汉灭亡；法正、黄忠去世；诸葛亮劝刘备赐死刘封（刘备的义子）。

蜀汉章武元年（221年）：刘备称帝，国号"汉"，史称蜀汉，诸葛亮任丞相，刘备出兵伐吴；张飞被手下部将杀害身亡。

蜀汉章武二年（222年）：夷陵之战后，刘备兵败，退兵白帝城。

蜀汉建兴元年（223年）：刘备病亡，去世之前托孤诸葛亮、李严。刘禅即位称帝，封诸葛亮为武乡侯、称诸葛亮为"相父"；诸葛亮派邓芝到东吴讲和，孙刘破冰，重修于好。

蜀汉建兴三年（225年）：诸葛亮南征，七擒孟获，平定南境。

蜀汉建兴四年（226年）：曹丕去世，曹睿继位。

蜀汉建兴五年（227年）：诸葛亮的儿子诸葛瞻出生，诸葛亮老来得子；诸葛亮决定挥师北伐，向刘禅上表《出师表》。

蜀汉建兴六年（228年）：诸葛亮的养子诸葛乔去世；诸葛亮率军第一次北上，收姜维、斩马谡，街亭失守，第一次北伐失败；年末，诸葛亮出兵陈仓道，组织了第二次北伐，粮草用尽，退兵。

蜀汉建兴七年（229年）：孙权称帝，国号"吴"，史称东吴；诸葛亮第三次北伐；赵云去世。

蜀汉建兴九年（231年）：诸葛亮第四次北伐，粮草不足，退兵。

蜀汉建兴十二年（234年）：诸葛亮第五次北伐，病逝五丈原；汉献帝刘协去世。

蜀汉景耀六年（263年）：魏伐蜀，诸葛亮的儿子与孙子诸葛瞻、诸葛尚战死；刘禅降魏，蜀汉灭亡。

参考文献

[1] 罗贯中.三国演义：上下（第4版）[M].北京：人民文学出版社，2019.

[2] 成都地图出版社.三国之刘蜀[M].成都：成都地图出版社，2012.

[3] 房立中.诸葛亮全书[M].北京：学苑出版社，1996.

[4] 高军.诸葛亮二十八讲[M].成都：四川大学出版社，2019.

[5] 何国松.诸葛亮传：诸葛多智而近妖[M].长春：吉林大学出版社，2010.

[6] 李衡眉，赵康生.三国计谋鉴赏[M].济南：山东人民出版社，1994.

[7] 凉月满天.诸葛亮[M].北京：中国致公出版社，2023.

[8] 梁归智.四大名著经典要义[M].北京：北京师范大学出版社，2019.

[9] 刘小树.中国古代著名战争[M].北京：北京燕山出版社，2008.

[10] 卢盛江.正说三国[M].天津：天津人民出版社，2006.

[11] 聂小晴.草根宰相诸葛亮[M].北京：中国广播电视出版社，2009.

[12] 秦涛.诸葛亮的计，是精确计算的计[M].郑州：河南文艺出版社，2022.

[13] 饶胜文.大汉帝国在巴蜀：蜀汉天命的振扬与沉坠[M].北京：北京联合出版公司，2022.

[14] 任中原.中国历史1300问[M].北京：中国华侨出版社，2016.

[15] 沈忱，张郁珑，黄鑫.智者千虑——诸葛亮[M].长沙：湖南人民出版社，2011.

[16] 孙芳.智谋与德行：诸葛亮传[M].长春：长春出版社，2017.

[17] 王志刚.中国历史180讲[M].北京：中国华侨出版社，2013.

[18] 杨益，赵嫣.诸葛亮全传（2版修订本）[M].武汉：华中科技大学出版社，2017.

[19] 赵玉平. 向诸葛亮借智慧[M]. 北京：电子工业出版社，2011.

[20] 周文业，邓宏顺. 三国志通俗演义文史对照本[M]. 郑州：中州古籍出版社，2013.